职业教育新能源汽车专业"十三五"规划教材

新能源汽车电学基础与高压安全

主　编　黄文进　尹爱华

副主编　张天柱　谭　婷

主　审　吴书龙

机械工业出版社

《新能源汽车电学基础与高压安全》包括六个学习项目，分别介绍了电学基础知识、汽车电工常用工具的使用、常用电子元器件特性、高压电基础知识、高压安全与防护及高压安全法规要求。本书注重理实一体、案例解析导入，实用性强，贴合企业实际工作。

本书既可作为职业院校新能源汽车、汽车维修等专业的教材，也可作为汽车企业的培训资料，还可作为对新能源汽车感兴趣的大众读者了解新能源汽车技术发展情况的参考读物。

图书在版编目（CIP）数据

新能源汽车电学基础与高压安全/黄文进，尹爱华主编 . — 北京：机械工业出版社，2017.12（2024.11 重印）
职业教育新能源汽车专业"十三五"规划教材
ISBN 978-7-111-58828-3

Ⅰ . ①新… Ⅱ . ①黄… ②尹… Ⅲ . ①新能源 – 汽车 – 电气设备 – 职业教育 – 教材 Ⅳ . ① U463.6

中国版本图书馆 CIP 数据核字（2017）第 327331 号

机械工业出版社（北京市百万庄大街 22 号 邮政编码 100037）
策划编辑：杜凡如 孟 阳 责任编辑：杜凡如 孟 阳
责任校对：刘秀芝 封面设计：马精明
责任印制：郜 敏
中煤（北京）印务有限公司印刷
2024 年 11 月第 1 版第 27 次印刷
184mm × 260mm · 11 印张 · 264 千字
标准书号：ISBN 978-7-111-58828-3
定价：35.00 元

电话服务 网络服务
客服电话：010-88361066 机 工 官 网：www.cmpbook.com
010-88379833 机 工 官 博：weibo.com/cmp1952
010-68326294 金 书 网：www.golden-book.com
封底无防伪标均为盗版 机工教育服务网：www.cmpedu.com

职业教育新能源汽车专业"十三五"规划教材指导委员会

主任

郑丽梅　全国机械教育教学指导委员会

副主任

（排名不分先后）

陈旭明　比亚迪汽车工业有限公司

吴立新　行云新能科技（深圳）有限公司

朱　军　中国汽车工程学会应用与服务分会

韩建保　北京理工大学机械与车辆学院

张珉豪　国家开放大学福建分院

李春明　长春汽车工业高等专科学校

委员

（排名不分先后）

吴书龙	申荣卫	董铸荣	朱文韬	文爱民	戴良鸿
姚博翰	吴东平	向　东	阙广武	朱汉楼	陆春其
谢可平	张文华	李正国	王立刚	王　蔚	单立新
张利军	简玉麟	曾　鑫	陈署红	李志国	陈文军
毛行静	陈道齐	葛长兴	陈　胜	刘亚青	虞伟良
蒋振世	王福忠	占百春	陈其生	蒋志伟	黄俊刚

职业教育新能源汽车专业"十三五"规划教材编委会

序

　　2015 年，我国新能源汽车的产量超越美国，成为世界第一大新能源汽车生产国，如今新能源汽车的保有量也已经突破百万辆的级别。随之而来将是新能源汽车后市场的迅速崛起，面对这样的局面，我国新能源汽车后市场将会面临深刻变化，如何快速培养新能源汽车前后市场的技术技能人才使之与汽车技术的发展相适应，已经成为刻不容缓的紧迫任务。

　　行云新能科技（深圳）有限公司在全国机械教育教学指导委员会的指导下，依托深圳比亚迪汽车的技术支持，近年来面向汽车职业教育开展了一系列新能源汽车的竞赛和教师培训工作，在推动我国汽车职业教育向新能源汽车转型方面取得了丰硕成果。去年应吴立新总经理的邀请，在深圳参加了由机械工业出版社牵头、行云新能组织、比亚迪汽车技术支持、全国数十所中高职汽车职业院校老师参与的新能源汽车职业教育教材的编写启动会议，确定了以工作任务为主线、以教会学生如何工作为目标、以国内新能源汽车技术的领跑者比亚迪汽车为基础的教材编写工作。在那次会议上，我向与会老师们介绍了中国汽车工程学会与中国职业教育技术学会合作成立的中国汽车职教集团提出的：新能源汽车专业的课程设置可以我国新能源汽车发展技术路线中"三纵三横"为基础构建新能源汽车专业课程体系，以教学实验导入的新能源汽车专业知识体系，以工作任务导入的新能源汽车实训技能体系的思路。

　　一、新能源汽车专业课程体系的构建依据

　　我国新能源汽车发展以"三纵三横"为技术路线。"三纵"是指纯电动、插电式混合动力以及氢燃料电池三种新能源汽车。"三横"是指电机、电池、电子控制三大核心系统。"三纵三横"既包括了我国定义的三种新能源汽车，又包含了新能源汽车的关键核心技术系统。因此，职业教育新能源汽车专业可以"三纵三横"为基础来构建新能源汽车专业的课程体系。这就是说，首先新能源汽车课程要讲清楚纯电动、插电式混合动力以及氢燃料电池三种汽车的整体结构原理及维修诊断方法。其中结构原理可以在新能源汽车概论中加以阐述，而纯电动汽车、插电式混合动力汽车和氢燃料电池汽车还应有实训工作页完成实操作业教学。另外还要讲述电池、电机及电子控制三个关键系统的结构原理的维修诊断，通常有驱动电机及控制系统、动力电池及管理系统、新能源汽车充电系统的结构原理和维修诊断实训工作页教学。这就是以"三纵三横"为基础来构建的新能源汽车专业课程体系。

　　二、新能源汽车专业教学方法探讨

　　相对传统能源汽车专业而言，新能源汽车专业最突出的特点是从机械工程向电气工程的转变，从热机向电机的转变，从燃料向电池的转变，这样的转变对于汽车职业教育专业而言更是学习思路从形象思维向逻辑思维的转变，大量的电气电子、电机电控、电池管理等控制问题与传统汽车发动机底盘机构的机械原理与控制相比更是抽象逻辑思维特征明显，这些将会成为新能源汽车专业在职业教育领域的教学难点。

　　因此我们提出要以教学实验的方法导入专业理论知识体系的教学思路，用形象的实验教学解决抽象逻辑分析不易理解的难点。这才是汽车职业教育面临新能源汽车挑战中最好的解决办法。因此，新能源汽车专业的理论知识必须基于实验方法进行教学设计，每个理论知识点的教学都应先设计出相应的实验教学平台，其课程体系应该完整地构建在相对应的实验设备平台之上。只有这样才能真正做到将抽象的理论知识教学变成形象的实验方式教学。使得学生能更好地理解新能源汽车专业理论知识，指导学生深刻认识并运用新能源汽车专业知识去解决新能源汽车在汽车前后市场的运用与实践问题。

几个月过去了，当我看到这套教材的样书时，我欣慰看到这六本教材与工作页在新能源汽车"三纵三横"的课程设计中充分体现了教学实验导入的专业知识体系和工作任务导入的实训技能体系。这套教材在比亚迪汽车的技术支持下非常好地实现了以一个新能源汽车生产企业的主流车系完整实现新能源汽车"三纵"之中纯电动和插电式混动汽车两大实车教学平台的嵌入，加上比亚迪汽车独立自主的电池技术也很好地解决了"三横"之中核心部件电池技术教学内容的完成。以上这些特点正是这套教材编写的特殊之处。

随着新能源汽车在我国的迅速发展，职业教育必将承担起新能源汽车前后市场技术技能人才的培养重任，由于我国汽车工业"双积分"的实施，将会有更多的汽车制造企业加入到新能源汽车的生产行列之中。因此，传统汽车专业要开设新能源汽车技术的课程，形成传统汽车专业新能源方向的教学课程体系，而新能源汽车专业也不能断然抛弃传统能源汽车专业的核心课程。由于汽车能源正处在新老交替的历史阶段，新旧两种能源汽车还将在一定的时间段中共存，当下汽车职业教育既要培养传统能源汽车的技术技能人才，也要同时培养新能源汽车的技术技能人才，这就是当前我国汽车职业教育所面临的向"多课程、少课时"发展的必然结果。

我真心期待这套教材能够为我国汽车职业教育教学添砖加瓦，为新能源汽车教学锦上添花。也希望使用本教材的老师和同学们提出批评指正，让参加编写的老师们不断进步！当今的汽车职业教育老师正处在汽车新旧能源交替的时代，我们担负着"承前启后"的历史使命，我们为能够在这样一个时代从事汽车职业教育工作而自豪，也一定将为能够在这个时代倾力付出自己的所有而骄傲。我更希望汽车职业学校新能源汽车专业的同学们能够在中国新能源汽车走向世界的历史时代，为中国汽车工业的崛起做出自己应有的贡献，成就自己无悔的人生！

中国汽车工程学会汽车应用与服务分会 技术总监

二〇一八年一月

前　言

　　随着新能源汽车技术的快速发展和国家政策扶持力度的增大，新能源汽车的生产制造与售后服务人员需求必将逐步增加，有些职业院校已经抓住了市场机遇，及时调整了专业培养方向，开设或准备开设新能源汽车技术专业。新能源汽车涉及很多全新的技术领域，而新能源汽车专业是很多职业院校正在积极建设的专业。但是目前市场上关于混合动力汽车、纯电动汽车维修方面的书籍很少，并且大多都是关于理论研究的。为了让更多人，特别是使用和维修新能源汽车的售后服务人员，对新能源汽车有更深入的了解，行云新能科技（深圳）有限公司作为一家专注新能源汽车专业教学整体解决方案开发与应用的企业，组织行业专家、课程专家及一线汽车品牌主机厂新能源汽车工程师等人员，与美国国家新能源培训联盟（NAFTC）合作，结合中国车系特点，以《比亚迪 SOP 维修技术规范》为实操标准，编写了这套职业教育新能源汽车专业"十三五"规划教材。

实战性强

　　基于大量的市场调查，本书 80% 以上的内容为新能源汽车的使用和维护方法，避免了现有新能源汽车教材内容偏设计制造技术导致的理论性太强的缺陷，使教材更贴近汽车维修企业实际工作及职业教育的特点。

适用性强

　　职业教育专家对本书的结构进行全面把控，使内容符合职业教育的特点，采用任务驱动结构编写，方便教材组合，可供新能源汽车专业方向的学生使用，也可供其他汽车专业方向学生学习新能源汽车知识和技能。本书涵盖了比亚迪、丰田等国内主流新能源汽车厂家的共性和差异，解决了品牌"地域性"问题。

配套资源丰富

　　立体化课程，配套资源包括教材、教学课件和配套试题等。整个课程的推进遵循以"教师手册"为指导，"任务实施"为引领，学生"教材"和教师"教学课件 PPT"为参考，技能实操视频与教学实训设备相配套的总体原则。

　　本书全面、系统地论述了新能源汽车的电学基础知识和高压安全防护常识，对常用电子元器件的特性、个人防护用品、高压检测工具和高压互锁等安全技术措施进行了详细讲解，同时注重图文结合，采用大量的实物图、结构图和电路图，配合文字讲解。

　　本书由南安市工业学校黄文进、江苏省无锡交通高等职业技术学校尹爱华任主编，深圳技师学院张天柱、江苏省无锡汽车工程中等专业学校谭婷任副主编，并由江苏联合职业技术学院（无锡汽车工程分院）吴书龙任主审。参与编写的还有金传琦、方习贵、葛灵伟、李厚裕、陈彬、盛国超、邓宏业、刘亦贯、张瑞芬、邱晨曦、谢达成、房德将等老师。

　　在本书编写过程中，引用了大量原厂手册及文献资料，在此，全体编者向原作者们表示衷心的感谢！

　　由于本书涉及内容较新，且编者水平有限，书中难免有不足之处，恳请相关领域专家和广大读者批评指正。

编　者

目　录

项目1

电学基础知识

项目描述

本项目共2个学习任务，分别是：

任务1：常用电学参数概念。

任务2：电路基础元件的识别。

通过2个任务的学习，掌握电压、电流、电阻、欧姆定律和电路类型基本概念；能够识别电路基础元件并掌握其功能和电路符号。

任务1 常用电学参数概念

一、任务引入

新能源汽车动力和控制部分，采用最多的是电气技术，未来售后维修服务人员接触的大部分是电类故障。因此我们需要知道电压、电流和电阻等电学基础知识。

二、任务要求

知识要求：

- 掌握电压、电流、电阻、欧姆定律和电路类型基本概念。

技能要求：

- 会运用欧姆定律、电功率进行电压、电流和电阻的测量，并在新能源汽车上合理使用。
- 能够区分串联电路和并联电路，并在新能源汽车上运用。

职业素养要求：

- 严格执行汽车检修规范，养成严谨科学的工作态度。
- 尊重他人劳动，不窃取他人成果。
- 养成总结训练结果的习惯，为下次训练积累经验。
- 养成团结协作精神。
- 严格执行 5S 现场管理。

三、相关知识

1. 原子、电子和电荷载体

为了更好地了解电压、电流、电阻及半导体、导体和绝缘体等电学概念，在此需要介绍一些原子物理学的基本原理。

通常，物质由不同的元素构成。这些元素的最小组成部分是原子。大约 2500 年前，德谟克利特（古希腊学者）就提出了世界是由不可分割的微粒构成的假设。原子一词也由此而来：atomos（希腊文，原子）意为"不可分割"。现在我们知道，原子也是可分割的，它由中子、质子和电子组成。

关于原子结构有多种不同理论。尼尔斯·玻尔理论是电工学理论中最为直观的一个。图 1-1-1 所示的原子模型即玻尔原子模型。它表示了电子、质子和中子之间的关系。物质内部分布着正电荷（质子）和负电荷（电子），当带正电的质子和带负电的电子数量刚好相等时，物质不带电。当带正电的质子和带负电的电子数量不相等时，该物质带电。该理论假设原子由一个原子核和一个原子壳组成。该结构与行星系的结构相似：行星（原子壳）围绕恒星（原子核）旋转。原子核

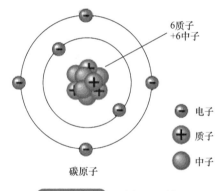

图 **1-1-1** 玻尔原子模型

位于原子的中心，它由质子和中子构成。中子是不带电的质量粒子。质子是带正电荷的粒子。质子和中子的质量几乎相等。原子核带正电荷，原子的质量几乎都在原子核上。电子是带负电荷的粒子。原子壳内电子的数量与原子核内质子的数量相等。质子或中子的质量大约比电子质量大 2000 倍。原子对外呈电中性。原子核和原子壳带有相同数量的电荷（质子和电子）。正负电荷之间的引力使原子核和原子壳结合在一起。电子可借助外部能量（例如光、热和化学能）达到更高的能量级并由此返回初始状态，电子在此过程中吸收或释放能量。

电子在围绕原子核的几个圆形或椭圆形轨道上移动。一种物质（例如铜、铅、铝）最多有七条这样的轨道，这些轨道由内向外用数字 1~7 或大写英文字母 K~Q 表示。在每条轨道上始终只有特定数量的电子在移动。电子多于质子或质子多于电子时，将原子称为离子。只有几个价电子的原子很容易释放出电子。随后，原子的质子多于电子，从而变成阳离子（图 1-1-2）。带有较多价电子的原子很容易吸收其他电子，以补充其最外侧的电子壳。随后，原子的电子多于

质子，从而变成阴离子（图 1-1-3）。由此产生的阳离子和阴离子相互吸引，形成紧密连接的化合物，从而产生一种新的物质。至少包括两个原子的新连接称为分子。

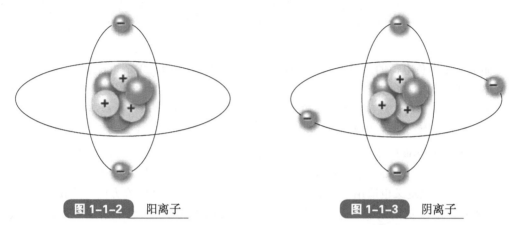

| 图 1-1-2　阳离子 | 图 1-1-3　阴离子 |

电荷载体可以是电子（金属电荷载体）或离子（液态和气态电荷载体）。外侧电子（价电子）与原子核的距离相对较远，因此这些电子与原子核的连接较弱。原子吸收能量（例如热、光和化学能）后，价电子从原子外侧壳体上脱离，形成所谓的自由电子。自由电子从一个原子移动到另一个原子时称为电子流动或电流。电子流动包括很多自由电子。自由电子的这种移动是不定向的，即没有任何优先移动方向。

2. 电流

电流指电荷载体（例如物质或真空中的自由电子或离子）的定向移动。

电路由电源（能持续提供电能的装置叫电源，例如电池和发电机）、用电器（例如白炽灯泡）和导线组成。通过开关可使电路闭合或断开，如图 1-1-4 所示。每个电导体都带有自由电子。电路闭合时，所施加的电压使导体和用电器的所有自由电子同时朝一个方向移动，如图 1-1-5 所示。单位时间内流动的电子（电荷载体）数量就是电流强度，俗称电流。每秒流经导体的电子越多，电流强度就越大。

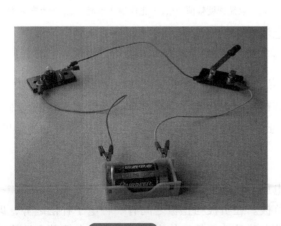

图 1-1-4　电路

图 1-1-5　自由电子的定向移动

符号：电流强度的符号是 I。

计量单位：电流强度 I 的计量单位是安培（A）。

直流电流：在最简单的情况下，电流流动不随时间而改变，这种电流称为直流电流（DC）。

在导体内的自由电子的准确流动过程尚不清楚时，人们认定电压电源外部的电流方向为从正极流向负极。这种电流方向称为技术电流方向。虽然后来的科学家证明，电流是电子的定向运动，而电子是带负电荷的，但出于实际原因仍保留了原来（历史）的电流方向。因此，今天仍将电路内部的电流方向规定为从正极流向负极。为了解电流流动机制及物质的特定电气特性，人们考虑了电荷载体的实际移动情况。在一个闭合电路内，负极排斥自由电荷载体（电子），正极吸引自由电荷载体（电子），因此产生一个从负极流向正极的电子流。该电流方向为物理电流方向，又称为电子移动方向。电子移动方向与电流方向相反，两种电流方向如图 1-1-6 所示。

除直流电流外还有交流电流（AC）。交流电流指以周期方式改变极性（方向）和电流值（强度）的电流。该定义也适用于交流电压。交流电流的特点是其电流方向呈周期性变化，如图 1-1-7 所示。电流变化频率（通常也称电源频率）表示每秒内电流朝相同方向流动的次数。例如欧洲家用电流的频率为 50Hz。通过发电站的发电机产生交流电压 / 交流电流。为此，发电机内的转子旋转 360°。由此产生一个极性变化的电压，即正弦曲线形式的电压。欧洲最主要的低压用电交流电压是 230V，其频率为 50Hz，相当于发电机内的转子每秒旋转 50 圈。

图 1-1-6　电流方向和电子移动方向

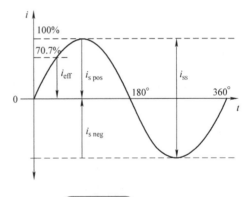

图 1-1-7　交流电流

t—交流电变化周期　i—瞬时电流　i_{eff}—有效电流
i_{ss}—电流强度幅值　$i_{s\,pos}$—正向最大电流　$i_{s\,neg}$—反向最大电流

交流电流的平均电流强度为零。交流电流无法确定流动方向，但为了得到电流强度，仍规定了交流电流的有效电流强度。均方根值 i_{eff} 大约是峰值电流的 70%。均方根值表示有相同功率的直流电流。$i_{eff}=i_{s}\dfrac{1}{\sqrt{2}}$，该参数表示与交流电流输送电荷量相同的直流电流。

如果在一个电路中直流电源和交流电源可同时起作用，则会产生脉动电流。脉动电流指方向不变，强度随时间周期性改变的电流。因此，周期电流是直流电流与交流电流叠加的结果。

3. 电压

正电荷与负电荷位于不同侧时会产生电压。电压电源始终具有带有不同电荷的两极，一侧是缺少电子的正极，另一侧是电子过剩的负极。在负极与正极之间有一种电子补偿趋势，即两极连接起来时，电子由负极流向正极，这种电子补偿趋势称作电压。下面以车辆蓄电池为例说明电压原理（图 1-1-8）。

车辆蓄电池内的这种电化学过程使电荷分离：电子聚集在一侧（负极），另一侧缺少电子（正极），两极之间产生一个电势差，称作电压（Voltage），它是衡量单位电荷在静电场中因电势不同而产生的能量差的物理量，其大小等于单位正电荷受电场力作用从 A 点移动到 B 点所做的功。电压的方向规定为从高电位指向低电位。需要指出的是，"电压"一词一般只用于电路中，"电势差"和"电位差"则普遍应用于一切电现象中。

可按以下方式描述电压：

- 电压是施加在自由电子上的压力或作用力。
- 电压是产生电流的原因。
- 两点或两极之间产生电荷差时就会形成电压（压力）。

符号：电压的符号是 U。

计量单位：电压 U 的计量单位是伏特（V）。

直流电压：电压值和极性保持不变的电压称为直流电压，如图 1-1-9 所示。

图 1-1-8　车辆蓄电池的正极和负极

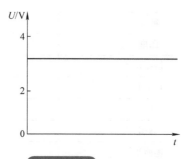

图 1-1-9　直流电压

使用最多的直流电压电源包括原电池（蓄电池）、相应发电机（部分接有整流器）、光电池（太阳能系统）和开关模式电源，如图 1-1-10 所示。在技术领域通常还组合使用变压器和整流器。

如果电压的大小及方向随时间变化，则称为变动电压。对电路分析来说，一种最为重要的变动电压是正弦交流电压（简称交流电压），其大小及方向均随时间按正弦规律周期性变化。交流电压的瞬时值要用 u 或 $u(t)$ 表示。在电路中提供电压的装置是电源。

图 1-1-11 展示了正弦交流电压（u）随时间（t）变化的情况。交流电压的特点是其方向呈周期性变化。在欧洲，交流电压为 230V，频率为 50Hz。频率（通常也称为电源频率）表示每秒电流朝相同方向流动的次数。

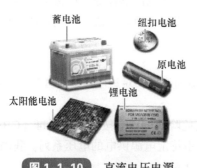

图 1-1-10　直流电压电源

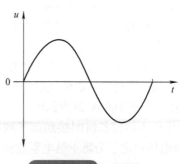

图 1-1-11　交流电压

表 1-1-1 列出了一些国家或地区的单相电压和频率。

表 1-1-1　一些国家或地区的单相电压和频率

国家或地区	电压 /V	频率 /Hz
澳大利亚	240	50
比利时	230	50
巴西	110/220	60
加拿大	120	60
智利	220	50
中国大陆	220	50
中国香港	230	50
中国台湾	110	60
埃及	220	60
法国	230	50
德国	230	50
印度	230	50
伊拉克	220	50
意大利	127/220	50
日本	100	50/60
韩国	110/220	60
墨西哥	127	60
荷兰	230	50
挪威	230	50
菲律宾	110/220	60
俄罗斯	220	50
西班牙	127/220	50
瑞士	220	50
美国	120	60
英国	230	50

电压是推动电荷定向移动形成电流的原因。电流之所以能够在导线中流动，也是因为在电路中有高电势和低电势之差，这称作电势差，也叫电压降。换句话说，在电路中，任意两点之间的电位差称为这两点的电压降。

电压可分为高电压、低电压和安全电压。

高低电压间的区别是：以电气设备的对地电压值为依据，对地电压高于或等于 1000V 的为高压，对地电压小于 1000V 的为低压。

安全电压指人体较长时间接触而不致产生触电危险的电压。按照国家标准《GB/T 3805—2008》，安全电压规定了为防止触电事故而采用的，由特定电源供电的电压系列。我国对工频安全电压规定了五个等级，即 42V、36V、24V、12V 及 6V。

4. 电阻

自由电荷载体在导体内部移动的结果是，自由电荷载体与原子相撞，因此，电子流动受到干扰。这种效应称作电阻，它具有限制电路内电流的特点。在电子系统中，电阻的作用非常重要，其电路符号如图 1-1-12 所示。除作为元件的标准电阻外，电路中的其他部件都有一个可影响电路电压和电流的电阻值。电阻由导体两端的电压 U 与通过导体的电流 I 的比值来定义，即 $R=U/I$。因此，当导体两端的电压一定时，电阻愈大，通过的电流就愈小；反之，电阻愈小，通过的电流就愈大。电阻的大小可以用来衡量导体对电流阻碍作用的强弱，即导电性能的好坏。电阻的阻值与导体的材料、形状、体积及周围环境等因素有关。

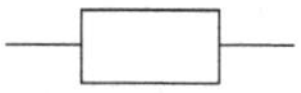

图 1-1-12　电阻符号

电阻是一个物理量，在物理学中表示导体对电流阻碍作用的大小。导体的电阻越大，表示导体对电流的阻碍作用越大。不同的导体，电阻一般不同，电阻是导体本身的一种特性。电阻会导致电子流通量的变化，电阻越小，电子流通量越大。而超导体没有电阻。

符号：电阻的符号是 R。

计量单位：电阻的计量单位是欧姆，用希腊字母 Ω 表示。

不同导体的电阻按性质的不同还可分为两种类型。一类称为线性电阻或欧姆电阻，满足欧姆定律；另一类称为非线性电阻，不满足欧姆定律。

线性电阻：线性电阻的阻值取决于导体的尺寸、比电阻和温度。导体越长，电阻值越大；导体横截面积越大，电阻值越小。相同尺寸的不同材料，其电阻值不同。对于由某种材料制成的柱形均匀导体，其电阻 R 与长度 L 成正比，与横截面积 S 成反比，线性电阻阻值计算公式如图 1-1-13 所示。

图 1-1-13 中，ρ 为比例系数，由导体的材料和周围温度决定，称为电阻率。每种物质都有一个特定的电阻率。电阻率是描述导体导电性能的参数，指温度为 20℃ 时，长 1m、横截面积为 1mm² 导体的电阻值。温度越低电阻越小。它的国际单位是欧姆米（$\Omega \cdot m$）。

$$R = \rho \frac{I}{S}$$

图 1-1-13　计算导体电阻的公式

在电工学中通常还会用到电阻的倒数，即电导率。电导率的符号是 G，单位是西门子每米（S/m），如图 1-1-14 所示。

根据电导率，可将材料分为导体、非导体和半导体。

导体分为电子导体和离子导体。电子导体由相互紧密连接的金属原子构成。

$$G = \frac{1}{R}$$

图 1-1-14　计算电导率的公式

金属的外壳中只有少量电子（价电子），而且这些电子很容易脱离原子。它们在原子核构成的晶格内移动相对自由。受热能影响，电子在晶格内的移动非常不规则，通常不会变换位置，也不会进行电荷转移。当导体承受电压时，电子就会朝某个特定方向移动。电子从负极流向正极。鉴于金属的晶格结构，电子可在原子之间比较自由地移动。

绝缘体内自由电荷载体的数量为零，因此电导率也极低。通常使用绝缘体或绝缘材料使电导体相互绝缘。非导体包括塑料、橡胶、玻璃、陶瓷和纸等固体，以及纯水（H_2O）、油和油脂等液体，也包括特定条件下的真空和气体。

半导体的电导率介于金属和绝缘体之间。半导体与导体的区别在于，介电子只在压力、温度、光照或磁力等外部影响下被释放出来后才具有导电性。半导体材料包括硅、锗和硒等。

由于在大多数情况下，电源线的电阻都会带来不利影响，电子系统通常需要将电路电流限制在一个特定值内。在此根据具体用途将相应类型和大小的电阻作为元件使用。电阻尺寸通常很小且不标出，或很难看清电阻值，因此通常用色环来表示电阻值。每种颜色代表一个特定的阻值，因此可以通过计算色环数值总和得到电阻值。电阻上注明的电阻值仅适用于温度20℃的条件。之所以有这种限制是因为所有材料的电阻都会随温度变化。

电压电源的内阻：至今我们都假设，一个电压电源始终提供规定电压 U，例如纽扣电池提供 4.5V 电压。但当接通一个或多个能量转换器（俗称用电器，例如白炽灯、电动机等）时，所有电池和大部分供电单元都会出现电压降。例如，将一个 4.5V/2W 的白炽灯接到纽扣电池上时，其电压就会由 4.5V 降到 4.3V。原因在于电压电源（纽扣电池）的内阻 R_i。

可将实际中的电池想象成一个由理想恒压电源（电源电压为 U_q、内阻为 R_i）组成的串联电路，如图 1-1-15 所示。当然实际上并没安装电阻，这只是一个示意图，一个"替代电路图"。电源电压 U_q 保持不变，即不受电流 I 的影响。现在通过能量转换器 R_L（负载电阻、外阻、用电器）向内阻为 R_i、电源电压为 U_q（电动势）的电压电源施加负荷，如图 1-1-16 所示。

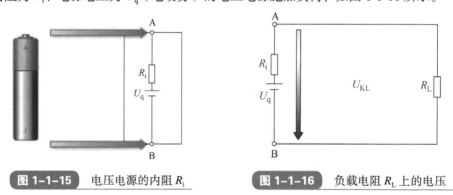

| 图 1-1-15 | 电压电源的内阻 R_i | 图 1-1-16 | 负载电阻 R_L 上的电压 |

负载电阻 R_L 不会获得接线柱 A 和 B 上的全部电源电压，因为一部分在蓄电池内阻 R_i 中损耗。

$$U_{KL}=U_q-U_{Ri}$$

电流 I 流经外部电路时，接线柱电压 IR_i（电流 I 流经内阻 R_i 时，内阻上的电压降）就会降低。因此接线柱电压（即电阻 R_L 上的电压）会随电流的升高而降低。

5. 欧姆定律

欧姆定律是最重要的电工学定律之一，它描述了电压、电流和电阻之间的关系。欧姆定律的内容是，在恒温下，一个金属导体上的电压降 U 与流经导体的电流强度为 I 的电流成正比。

$$电压（U）=电流（I）\times 电阻（R）$$

利用欧姆定律可计算出一个电路的三个基本参数，前提是至少已知其中的两个参数。这三个基本参数是电压、电流和电阻。

欧姆定律可用以下三个公式表达：

- $U=IR$
- $I=U/R$
- $R=U/I$

例如：如果在电阻为 1Ω 的用电器上施加 1V 电压，则电路内的电流强度为 1A。电压升高时，电流也随之升高。用电器电阻升高时，在电压保持不变的情况下电流减小。"魔法"三角可用于辅助确定欧姆定律的不同公式，如图 1-1-17 所示。

删掉待计算的参数，用剩下的两个参数计算出该结果。为搞清楚这些参数的顺序，要记住 *U/R/I*。欧姆定律成立时，以导体两端电压为横坐标，导体中的电流 *I* 为纵坐标，所做出的曲线，称为伏安特性曲线。这是一条通过坐标原点的直线，它的斜率为电阻的倒数。具有这种性质的电器元件叫线性元件，其电阻叫线性电阻或欧姆电阻。欧姆定律不成立时，伏安特性曲线不是过原点的直线，而是不同形状的曲线。把具有这种性质的电器元件叫作非线性元件。

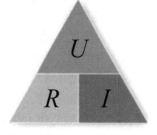

图 1-1-17　"魔法"三角

如果电路难以接入或不允许断开电路，则要测量电路内已知电阻上的电压。随后可通过欧姆定律计算出电流。

6. 电功及电功率

6.1　电功

水流可以做功，例如水流可以推动水轮机做功，电流也可以做功吗？给电动机通电，电动机转起来就可以把砝码提起。这个实验表明：电流是可以做功的。电动机消耗电能的同时，砝码的机械能增加。因此，在电流通过电动机做功的过程中，电能转化为机械能。电能可以转化成多种其他形式的能量。电流通过电炉时发热，电能转化为内能。电流通过白炽灯时，灯丝灼热发光，电能转化为内能（俗称热能）和光能。电流给蓄电池充电的过程是电能转化为化学能的过程。电功的实质是电能转化为其他形式能量的过程。电流做了多少功，就有多少电能转化为其他形式的能，能的总量不变。

电流做功的多少跟电流的大小、电压的高低、通电时间的长短都有关系。施加在用电器上的电压越高、通过的电流越大、通电时间越长，电流做功越多。功的单位为焦耳（J）或者千瓦·时（kW·h）。电功的计算公式如下：

$$W=Pt=UIt=UQ$$

式中，*Q* 为电荷；*t* 为通电时间；*P* 为电功率。

这就是说，电流在某段电路上所做的功，等于这段电路两端的电压、电路中流过的电流和通电时间的乘积。

对于纯电阻电路（无电动机），电功的计算公式如下：

① $W=Q=IR \times It=I^2Rt$（*Q* 为电热，一般在串联电路中使用）；

② $W=Q=(U \times U/R)t=(U^2/R)t$（一般在并联电路中使用）。

几种常见物体的电功：

① 通过手电筒灯泡的电流，每秒做的功大约是 1J；

② 通过普通白炽灯泡的电流，每秒做的功一般是几十焦；

③通过洗衣机中电动机的电流，每秒做的功是200J左右。

电功通常用电能表（俗称电度表）来测定，把电能表接在电路中，电能表的计数器上前后两次读数之差，就是这段时间内用电的度数。

6.2 电功率

从技术角度来说，"电流消耗"这种通俗的表述是不正确的，因为流入设备的电流还会再次流出。事实上，涉及普通家用电流时，电子只是在导体内短程往复"摆动"，而不会有明显数量的电子通过导线流入设备内。实际"流动"的是电能。电能也不会像通俗表述的那样消耗掉，而是进行相应转换，例如转化为机械能（发动机）、热能（电吹风）和化学能（手机电池充电时）。此时所做的功（电压、电流强度和时间的乘积）由一个电度表确定。因此，"电流消耗"的计量单位是能量单位"千瓦·时"，而不是电流单位"安培"。

在相同时间内，电流通过不同用电器所做的功，一般不同。例如，在相同的时间内，电流通过电动汽车的电动机所做的功，要显著大于通过电扇的电动机所做的功。为表示电流做功的快慢，物理学中引入了电功率的概念。

电流在单位时间内所做的功叫作电功率。电功率用 P 来表示，$P=W/t$，而 $W=UIt$（即电压、电流与时间的乘积），因此 $P=UI$。

上式表明，电功率等于电压与电流的乘积。电压 U 的单位要用伏特（V），电流 I 的单位要用安培（A），这样，电功率 P 的单位就是瓦特（W）。电功率的单位还有千瓦，符号是 kW。

$$1kW=1000W, \quad 1W=1000mW$$

把公式 $P=W/t$ 变形后可得 $W=Pt$，由此可以定义"千瓦·时"，电流在 1h 内所做的功，就是 $1kW·h$。

$$1kW·h=1000W \times 3600s=3.6 \times 10^6 J$$

电功率 P、电压 U、电流 I 和电阻 R 之间的关系如图 1-1-18 所示。

实验表明，用电器实际消耗的功率随着加在它两端的电压改变，既然如此，我们就不能泛泛地说一个用电器的功率是多大，而要指明电压。用电器正常工作时的电压叫作额定电压，用电器在额定电压下的功率叫作额定功率。

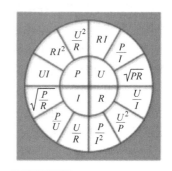

图 1-1-18 电流 I、电压 U、电阻 R 和电功率 P 的换算

我们使用各种用电器一定要注意它的额定电压，只有在额定电压下用电器才能正常工作。实际电压偏低，用电器消耗的功率低，不能正常工作；实际电压偏高，长期使用会影响用电器的寿命，还可能烧坏用电器。车辆发动机的功率也用 kW 计量。

7. 电路类型

到目前为止，我们谈及的电路都由一个电压电源和一个负载电阻构成。但在车辆上，一个电压电源（车载网络供电）会同时接有很多用电器。这种电路称为扩展型电路。扩展型电路分为两种基本连接方式：并联和串联。

下面以电阻为用电器介绍这两种连接方式。与其他用电器连接时，例如电动机、白炽灯泡或继电器，情况基本相同。在电子电气系统中，电路也用电路图来表示。

在车辆中，回流导线通过车身即电气搭铁表示。搭铁用图 1-1-19 所示电路符号表示。

新能源汽车上，低压用电部分的所有搭铁连接都通过车身以电气方式相互连接。车身通过一根铜带与蓄电池负极接线柱连接在一起。

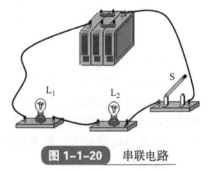

图 1-1-19　搭铁符号

7.1　串联电路

串联是连接电路元件的基本方式之一。将电路元件（如电阻、电容、电感、用电器等）逐个顺次首尾相连，串联起来组成的电路叫串联电路（图 1-1-20）。

开关可在任何位置控制整个电路，即其作用与所在的位置无关。电流只有一条通路，经过一盏灯的电流一定经过另一盏灯。如果熄灭一盏灯，则另一盏灯一定熄灭。

- 优点：在一个电路中，若想控制所有电器，可使用串联电路。
- 缺点：只要有某一处断开，整个电路就会断路，即相互串联的电子元件不能正常工作。
- 相同电流经过所有电阻时，这些电阻为串联形式。
- 总电压 U 分布在串联电路的各个电阻上。各部分电压之和等于总电压，$U=U_{L1}+U_{L2}$。
- 串联电路内各处的电流大小都相等，因此不同电阻的电压降不同。
- 电压与对应的电阻阻值成正比。
- 串联电路的总电阻是各串联电阻之和，$R=R_{L1}+R_{L2}$。
- 总电压分配在最大电阻上的电压降最大，总电压分配在最小电阻上的电压降最小。

图 1-1-20　串联电路

7.2　并联电路

并联电路不是将电阻依次连接，而是将其并排连接。并联电路的特点是将两个同类或不同类的元件、器件等首首相接，同时尾尾亦相连的一种连接方式，如图 1-1-21 所示。在并联电路中有更大的横截面积供电流通过，因此总电阻较小。并联电路的总电阻始终小于最小的单个电阻。电阻并联时，施加在所有电阻上的电压都相同。

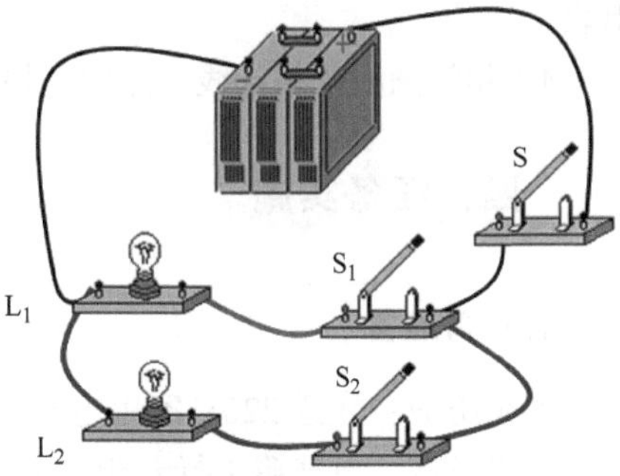

- 所有并联元件的端电压都相同，即图 1-1-21 所示电路中 $U=U_{L1}=U_{L2}$。
- 总电流在电阻的连接点处分为多路分电流，分电流的总和等于总电流，$I=I_{L1}+I_{L2}$。
- 并联电路的总电阻小于最小的单个电阻。电流可以更好地通过各并联电阻，即电导率升高。三个电阻并联时的总电阻如图 1-1-22 所示。

假设一个电池组是以几个电压相同的单电池以并联方式连接成的，则此电池组两端的电压等于每一个

图 1-1-21　并联电路

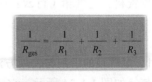

$$\frac{1}{R_{ges}}=\frac{1}{R_1}+\frac{1}{R_2}+\frac{1}{R_3}$$

图 1-1-22　并联电路的总电阻

单电池两端的电压。例如，假设一个电池组内部含有四个单电池并联在一起，它们共同流出 1A 电流，则每一个单电池流出 0.25A 电流。当电压不同的两个或更多电源并联连接时，由于电势差的存在，电池组内部会形成电流回路，造成电能在电池组内部消耗。因此，新能源汽车动力电池组不允许将电压不同的两个或更多电源并联或串联连接。

7.3　串联和并联的区别

串联和并联最直观的区别是两种连接方式中的电池所表现的不同特点，四节 1.5V 电池串联起来有 6V，而并联则仍然只有 1.5V，如图 1-1-23 所示。

串联分压，并联分流。在串联电路中，各电阻上的电流相等，各电阻两端的电压之和等于电路总电压。可知每个电阻上的电压小于电路总电压，故串联电阻分压；在并联电路中，各电阻两端的电压相等，各电阻上的电流之和等于总电流（干路电流）。可知每个电阻上的电流小于总电流（干路电流），故并联电阻分流。电阻的串并联就好像水流，串联只有一条道路，电阻越大，电流越小；并联的支路越多，电流越大。

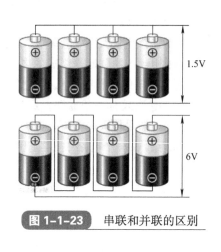

图 1-1-23　串联和并联的区别

那么，怎样判断电路中用电器之间是串联还是并联呢？

1）用电器连接法：分析电路中用电器的连接方法，逐个顺次连接的是串联，并列在电路两点之间的是并联。

2）电流流向法：电流从电源正极流出，依次流过每个元件的是串联；在某处分开流过两个支路，最后又合到一起，则该电路为并联。

3）去除元件法：任意拿掉一个用电器，看其他用电器是否正常工作，如果所有用电器都被拿掉一遍，而其他用电器都可以继续工作，那么这几个用电器间的连接关系是并联，否则为串联。

4）用笔画线代替导线，能用一根导线将所有用电器连起来为串联，不能则为并联。

四、任务实施

1.任务准备

安全防护：注意 220V 家用电压保护。

工具设备：电气箱（行云新能 INW-DQX）、插线板。

台架车辆：无。

辅助资料：电气箱（行云新能 INW-DQX）使用说明书、连接导线、教材。

串联电路　　　并联电路

2.实施步骤

2.1　电气箱的识别与使用方法

电气箱如图 1-1-24 所示，它由电源、汽车电气系统、传感器和汽车电子系统等部分组成。

图 1-1-24　电气箱（行云新能 INW-DQX）

2.1.1　汽车电源

电气箱电源电路连接图和组件安装位置（位于电气箱的左上角）如图 1-1-25 所示。电源部分主要为电气箱提供直流电源（5V、10V、12V）和交流电源（9V、12V、15V）。直流电源 12V 的 15 接线柱已经在电路板中与各用电系统接通，无需另外接线。交流电源需要连接线路并打开电源开关，同时 LED 指示灯会点亮提示。连接电路中如果出现短路，则电源继电器左侧的熔丝会切断电源保护。

图 1-1-25　汽车电源

2.1.2　汽车电气系统

汽车电气系统电路连接图和组件安装位置（左侧中间）如图 1-1-26 所示。汽车电气系统主

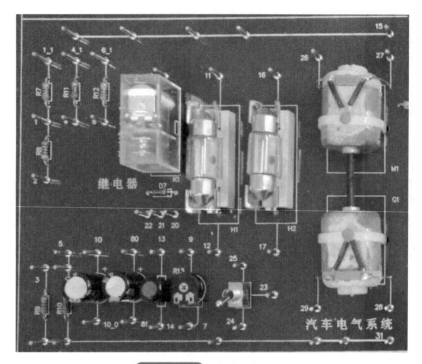

图 1-1-26 汽车电气系统

要由电阻、继电器、电容、发电机、起动机、灯泡和调节电阻等常见汽车电气组件组成。该系统能够实现串联和并联电路、电容、电阻、电磁线圈等汽车电子元件特性的测量。最上方的 15 号接线柱已经全部和 12V 电源接通,最下方的 31 号(搭铁)接线柱和电源部分的 31 号线接通,无需和电源单独接线。

2.1.3 汽车电子系统

汽车电子系统电路连接图和组件安装位置(右侧中间)如图 1-1-27 所示。汽车电子系统主要由二极管、限流电阻、发光二极管和晶体管等汽车常见电子元件组成。该系统能够实现二极管、晶体管等汽车电子元件特性的测量。最上方的 15 号接线柱已经全部和 12V 电源接通,中间的 31 号(搭铁)接线柱和电源部分的 31 号线接通,无需和电源单独接线。

2.1.4 汽车传感器

汽车传感器电路连接图和组件安装位置(左侧下方)如图 1-1-28 所示。汽车传感器主要由电阻、热敏电阻、发光二极管、电容和调节电阻等汽车常见电子元件组成。该系统能够实现汽车常见传感器特性的测量。最上方的 15 号接线柱已经全部和 12V 电源接通,最下方的 31 号(搭铁)接线柱和电源部分的 31 号线接通,无需和电源单独接线。

2.1.5 脉冲宽度(占空比)

脉冲宽度电路连接图和组件安装位置(右侧上方)如图 1-1-29 所示。脉冲宽度电路主要由电阻、调节电阻、单片机和二极管等汽车常见电子元件组成。该系统能够实现汽车占空比特性的测量。最上方的 15 号接线柱已经全部和 12V 电源接通,最下方的 31 号(搭铁)接线柱和电源部分的 31 号线接通,无需和电源单独接线。

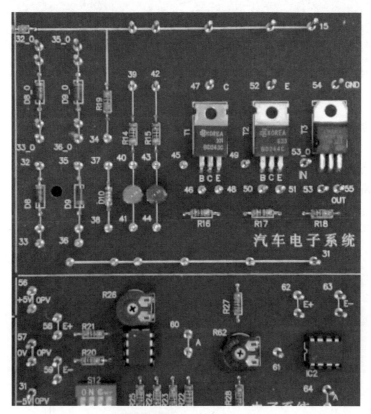

图 1-1-27 汽车电子系统

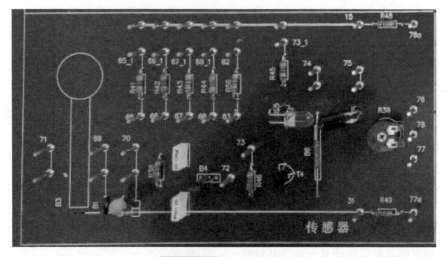

图 1-1-28 汽车传感器

图 1-1-29 脉冲宽度调制

2.2 电路的连接

使用电气箱（行云新能 INW-DQX）实现串联电路和并联电路的连接。

1）串联电路的连接：接通电源后观察灯泡的亮度_____，无需测量。

2）并联电路的连接：接通电源后观察灯泡的亮度_____，无需测量。

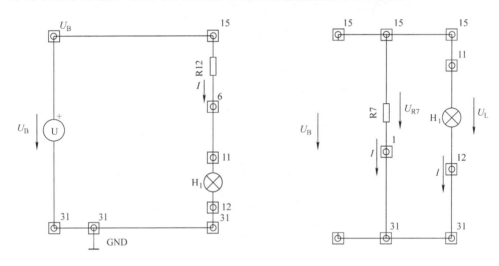

任务 2 电路基础元件的识别

一、任务引入

任何汽车电器都是由电路基础元件组成的，而新能源汽车，尤其是纯电动汽车，最主要的组件就是电器组件。在维修新能源汽车高压组件时，识别电路基础元件至关重要。

二、任务要求

知识要求：

• 掌握电路基础元件的基本功能及符号。

技能要求：

• 能识别电路基础元件。

职业素养要求：

- 严格执行汽车检修规范，养成严谨科学的工作态度。
- 尊重他人劳动，不窃取他人成果。
- 养成总结训练结果的习惯，为下次训练积累经验。
- 养成团结协作精神。
- 严格执行 5S 现场管理。

三、相关知识

1. 熔断器的识别

保险丝是通俗叫法，它的专业名称是"熔断器"，车用熔断器与家用熔断器的作用大同小异。当电路中用电器负载过大或电路中有短路的情况，导致电路中电流异常并超过其额定电流时熔断器会熔断，起到保护电路及用电设备的作用，它是保护构成汽车电路的导线、用电设备、装置等的重要部件。

1.1　车用熔断器种类

熔断器的发展如图 1-2-1 所示。

1）按形状分：插片式熔断器、方形熔断器、玻璃管式熔断器、裸片熔断器、插栓式熔断器，如图 1-2-2 所示。

其中，插栓式熔断器可分为小号（M5 或 M6）插栓式熔断器、大号（M8）插栓式熔断器。玻璃管熔断器可分为 6.35mm×30mm 玻璃管熔断器、6.35mm×31.75mm 玻璃管熔断器、10mm×38mm 玻璃管熔断器。

2）按额定电压分：高压熔断器、低压熔断器。

高压熔断器：工作电压在 DC32~DC450V 之间。熔断器的额定电压值必须等于或大于工作电压，因此常见的高压熔断器的额定电压值分为 32V、125V、250V 和 600V 系列。

3）按熔断速度分：快熔熔断器、慢熔熔断器。

① 快熔熔断器的主要部件是细锡线，用在阻性电路中，保护一些对电流变化特别敏感的元器件。

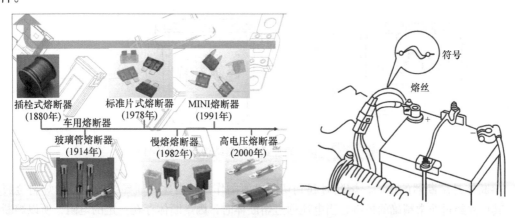

图 1-2-1　熔断器的发展

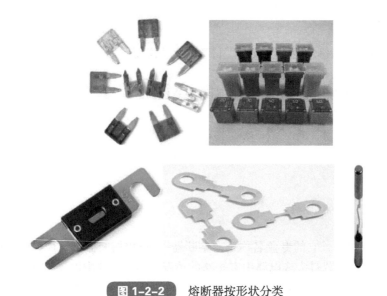

图 1-2-2   熔断器按形状分类

② 慢熔熔断器又称为耐浪涌熔断器或延时熔断器，它与快熔熔断器的主要区别在于对瞬间脉冲电流的承受能力不同，其熔体主要部件是锡 - 铜合金片，主要应用于感性或容性电路。

在容性电路中，刚接通电源时都会产生一个瞬间浪涌电流，且往往比正常稳态电流要大几倍，甚至几十倍。如果在该电路中使用的熔断器的耐浪涌能力不够强的话，熔断器就会被大能量的浪涌或脉冲电流所冲断而无法正常工作。即使浪涌电流的持续时间很短，所释放出来的能量不足以冲断熔断器，熔断器也会受到一定程度的损伤，经过一定次数的浪涌冲击后而被冲断。因此，我们选择熔断器时需要根据被保护的电路选择合适的类别。

一般来说，在刮水器、鼓风电动机、电动车窗等电路中使用慢熔熔断器，在前照灯、后玻璃除霜等电路中使用快熔插片式熔断器。

1.2 插片式熔断器的结构与原理

插片式熔断器主要由电极、熔断体（熔丝）和绝缘体组成，如图 1-2-3 所示。

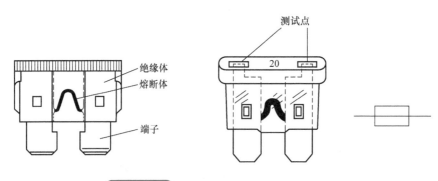

图 1-2-3   插片式熔断器结构及电路符号

熔断体是熔断器的核心，熔断时起到切断电流的作用，由比普通导线熔点低的焊料金属制成。其尺寸经过非常精确的校准，当电流通过熔断体时，因熔断体存在一定的电阻，所以熔断体会发热，温度从环境温度逐渐上升，同时熔断器也会通过连接条件散热。当工作电流正常时，熔断体发热和散热达到平衡，其温度会维持在一个相对固定的水平。

电路发生故障或异常时，过电流［过电流一般是额定电流（I_n）的 1~6 倍，产生超过额定电流（I_n）6 倍的过载电流时，我们称为电路已发生短路］使熔断体发热量增加，热平衡被打破（过电流产生的热量大于熔断体的散热量），熔断体温度持续上升，直到熔断，其中间部分从固态变为液态。受金属材料表面张力及重力作用，熔断体的液体部分向两端拉开距离并向下落，电压引起的电弧使熔断体温度继续上升，进一步拉开距离，直至电路电流被完全切断，从而起到保护电路安全的作用，如图 1-2-4 和图 1-2-5 所示。综上，熔断器动作的真正原因是过电流引起的高热量。

1. 熔断器接通过载电流。

2. 过载电流使熔断器熔丝发热。

3. 熔断器熔丝熔断。

4. 熔丝熔断后，由于导体两端的电压而发出火花。

5. 熔断距离加大后，电火花消失。

图 1-2-4　熔断器熔断示意

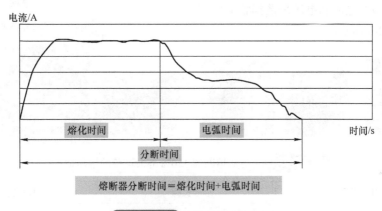

图 1-2-5　熔断器分断时间

 知识链接

为什么有时候插片式熔断器电阻变得很大而不断？

对于插片式熔断器来说，熔断体被其基体部分的高分子材料或陶瓷材料所紧紧围贴着，即使是已经熔化的金属也无法向两端收缩，只能向周围材料扩散渗透或被吸收，如果在这个过程中电流消失了（例如瞬间脉冲现象），而扩散或吸收尚在进行中，就会造成电阻变大而熔断体没有完全熔断的现象。此时的熔断器虽然没有完全熔断，但熔断体容量已经减小，再次有过电流通过时就会较快熔断，确保对电路有保护作用。如果第二次经过的电流依然是瞬间脉冲，则会造成电阻再次变大而依然没有完全熔断，熔断体的容量再次减小。

熔断器的电极（端子）通常有两个，它是熔断体和电路连接的重要部件，必须有良好的导电性，不应产生明显的安装接触电阻。电极（端子）和熔断器盒插座并不是完全接触，可通过透光观察出来。

绝缘体的作用是将熔断体与电极固定成为刚性的整体，以便于安装。同时为方便检查，在绝缘体的上方两侧设计有测试点并标注有熔断器的类型、额定电压、额定电流及品牌，如图1-2-6所示。

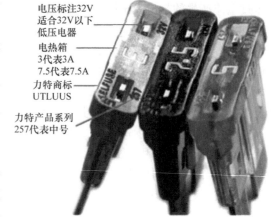

美国力特熔断器257系列中号参数标注

电压标注32V
适合32V以下
低压电器

电热箱
3代表3A
7.5代表7.5A

力特商标
UTLUUS

力特产品系列
257代表中号

为保证使用安全，绝缘体的材料必须具有良好的机械强度、绝缘性、耐热性和阻燃性，在使用中不应产生断裂、变形、燃烧及短路等现象，如图1-2-7所示。

插片式熔断器按绝缘体和电极的尺寸不同分为中号平脚、小号长脚和小号短脚三种形式，如图1-2-8所示。

1.3 熔断器的规格及选择方法

熔断器在使用过程中有两个重要的工作参数，一个是额定电流，另一个是额定电压。使用时要根据电路的电流和电压来选择相应的熔断器，如图1-2-9所示。

图 1-2-6 熔断器参数标注

   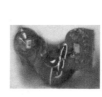 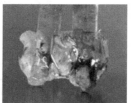

图 1-2-7 劣质熔断器110%寿命试验的熔断情形

中号平脚	小号长脚	小号短脚
19mm / 14mm / 7mm / 4mm / 19mm	16.5mm / 10mm / 7.5mm / 5mm / 11mm	11mm / 5.5mm / 10mm
适用德系车	适用美系车	适用日系车

	5A	7.5A	10A	15A	20A	25A	30A
中号平脚							
小号长脚							
小号短脚							

图 1-2-8 插片式熔断器的区分

电流额定值/A	外壳颜色	标准电压降/mV	冷电阻/mΩ
1		176	123
2		141	53.5
3		137	31.1
4		136	22.8
5		128	17.85
7.5		116	10.91
10		109	7.70
15		102	4.80
20		98	3.38
25		92	2.52
30		84	1.97
35		87	1.61
40		96	1.44

图 1-2-9 熔断器的规格

（1）额定电压

额定电压指熔断器的公称额定电压，是熔断器安全保护性能的指标。只有电路中的电压等于或小于熔断器额定电压时，熔断器才可保证熔断体经过电流熔断后不被击穿，不会持续拉弧或再次导通，从而安全可靠地切断电路。标准的熔断器额定电压值分为：32V、125V、250V 和600V。

（2）额定电流

额定电流指熔断器的公称额定电流，它是一个识别名称，并不能真实反映实际熔断电流和熔断时间。汽车插片式熔断器的规格一般为2~40A，安培数值会在熔断器的顶端标注。为避免熔断器外壳损坏导致看不清标示的安培数，不同安培数的熔断器采用不同颜色，更换时只要确定其颜色相同即可（图 1-2-10）。熔断器颜色有一套国际标准：2A 灰色、3A 紫色、4A 粉色、5A 橘黄、7.5A 咖啡色、10A 红色、15A 蓝色、20A 黄色、25A 无色透明、30A 绿色、40A 深橘色。

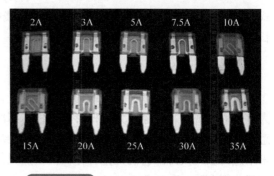

图 1-2-10 熔断器颜色与额定电流对照

确定熔断器的额定电流：根据被保护电路的稳态工作电流及相关的使用折损系数（正常工作状态下），确定熔断器的额定电流。

不同认证的熔断器，许用电流有所不同：UL（美规）熔断器，在25℃环境温度下，推荐实际使用时的稳定工作电流不超过额定电流的75%；IEC（欧规）熔断器实际使用时的稳定工作电流不超过额定电流的90%或100%。因为熔断器额定电流为熔丝所能承载的电流，是在25℃环境温度下，采用经控制的实验条件（接触电阻、空气流动、瞬时峰值）确定的。而熔丝的实际使用条件是变化的，为了补偿这些变化，电路设计工程师在为设备设计安全可靠而寿命又长的保护电路时，加给熔断器的负荷通常不超过额定值的 75%，以提供足够的过载和短路保护。

另外，熔丝是温度敏感元件，在实际使用中，受周围的工作环境温度的影响及长期的老化等因素干扰，还应再留出 85% 的余量，因此熔断器额定电流应有如下关系式：额定电流 ≥ 稳态工作电流 /（0.75 × 0.85）。

（3）计算选取导线截面积

在确定熔断器的容量后，为使熔断器与用电设备、连接导线相适应，发挥其保护电路的作用，必须选择对应熔断器额定电流的适当规格的导线，确保导线不发烟的最大电流大于熔断器的最低熔断电流。一般按熔断器额定电流的 135% 来计算。

关于导线截面积的计算，可根据流通电流与导线截面积关系经验理论值进行选择，长时间工作的电气设备可选择实际载流量 60% 的导线，短时间工作的用电设备可选用实际载流量 60%~100% 之间的导线，我国汽车线束标称导线截面积的推荐值见表 1-2-1。

表 1-2-1　我国汽车线束标称导线截面积的推荐值

铜芯导线截面积 /mm²	载流量（60%）	载流量（100%）	铜芯导线截面积 /mm²	载流量（60%）	载流量（100%）
0.5	7.5	12.5	6	33	55
0.75	9.6	16	10	45	75
1	11.4	19	16	63	105
1.5	14.4	24	25	82.8	138
2.5	19.2	32	35	102	170
4	25.2	42	50	129	215

有些专家总结出导线截面积经验计算公式：

$$A = I\rho L/U_d$$

式中，A 为导线截面积；I 为电流；ρ 为铜导线电阻率，一般取值 $0.0185\Omega \cdot mm^2/m$；$L$ 为导线长度，单位为 m；U_d 为允许最大电压降损失。

2. 汽车灯泡的识别

汽车灯泡的发展以前照灯最为全面和先进，下面以前照灯为例介绍汽车灯泡的类型。汽车大灯发展到现在，已经成为一种彰显个性与档次的手段。许多消费者在选购汽车时，也愈发在意大灯的配置。从最基本的卤素前照灯、到高级的氙气大灯，再到新生力量 LED 前照灯和充满未来感的激光大灯。它们究竟有什么优缺点呢？这四种不同的大灯究竟该如何选择呢？下面我们就分别来看一看。

2.1 卤素灯

卤素灯应用到汽车上的历史，可以追溯到 20 世纪 70 年代，这也是目前各大汽车厂商各类汽车中最常见的光源类型。由于卤素灯的价位比较低，对于经济车型来说非常适用。

如图 1-2-11 所示，卤素灯其实就是生活中我们使用的白炽灯的升级版，加入卤族元素后，能使白炽灯的亮度提高 1.5 倍，同时使用寿命也是普通白炽灯的 2~3 倍。为了提高白炽灯的发光效率，首先必须提高钨丝的温度，但相应会造成钨的升华，并凝华在玻璃壳上使玻璃壳发黑。在白炽灯中充入卤族元素或卤化物，利用卤钨循环的原理可以消除白炽灯的玻璃壳发黑现象。

图 1-2-11   卤素灯泡及电路符号

钨制灯丝发热时，钨原子蒸发后向玻璃管壁方向移动。接近玻璃管壁时，钨蒸气被冷却到大约 800℃，并和卤素原子结合在一起，形成卤化钨（通常为碘化钨或溴化钨）。卤化钨向玻璃管中央继续移动，又重新回到被氧化的灯丝上。由于卤化钨是一种很不稳定的化合物，其遇热后又会重新分解成卤素蒸气和钨，这样钨又在灯丝上沉积下来，弥补蒸发掉的部分。通过这种再生循环过程，灯丝的使用寿命大大延长（几乎是普通白炽灯的四倍），同时，由于灯丝可以工作在更高温度下，亮度也得以提高，获得更高的色温和更高的发光效率。

当我们在夜晚观察路上行驶的车辆时，灯光发黄的十有八九是装配了卤素灯的车型。从效果上看，卤素灯色温偏低，造成光线颜色偏暖黄。在光线不足的情况下，偏黄的卤素灯没有氙灯那么显眼，但是满足夜间正常使用还是没有问题的。

卤素灯＋反光罩的搭配，就像氙灯＋透镜的组合一样密不可分。氙灯＋透镜的组合尽管在亮度方面占据优势，但是光线投射出去后分布得不够均匀。夜间行车时，氙灯直射出去的光线会产生局部集中现象，灯光照射的中间区域会很亮，两侧的光线会比较暗，很多区域虽然能投射到一些光线，但不具备安全观察的条件。

与之相反的是卤素灯＋反光罩的组合，在没有透镜的帮助下灯光亮度虽然没有氙灯那么亮，但是各区域亮度相对均匀，也不会出现明显的视觉衰减区，夜间行车会更加安全。另外，色温较低的卤素灯有一个明显的优势，在雨雪、雾霾等低能见度天气里，卤素光源的穿透力要远远好于色温偏高的氙气光源。不过随着氙气灯技术的愈发成熟，卤素灯的优势变得越来越小，而氙气灯一些明显优势是卤素灯难以企及的。

卤素灯亮度不高，在经过透镜后能量会

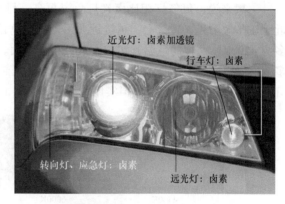

图 1-2-12   卤素灯泡实车安装

有所损失，导致亮度变得更低。但现在有一些使用高亮度卤素灯的车型原厂就配备了透镜，例如雷克萨斯 CT200h、本田 CR-V 等车型，目的还是利用透镜的聚光性，但这也对卤素灯的亮度提出了更高的要求。

目前市面上大部分家用车都配备了卤素灯，这源于卤素灯成本低、使用效果也不错。一些以经济适用为卖点的车型，例如北汽 EV160、比亚迪 e5 等，都全系配备了卤素灯，如图 1-2-12 所示。

卤素灯发展至今，依旧是车辆搭载率最高的类型。究其原因，成熟的技术和较低的成本是厂商偏爱它的主要原因。卤素灯虽然在技术上有些落后，但实际使用中并没有太明显的短板。

对于普通经济型车来说，卤素灯仍是现阶段明智的选择。

2.2 氙气灯

氙气灯是目前高端车型普遍采用的车灯形式。氙气灯亮度较高，一般配备透镜后视觉效果更好，受到很多消费者的追捧。

氙气灯其实是一种含有氙气的新型灯，又称高强度放电式气体灯，英文简称 HID（High Intensity Discharge）。氙气灯在石英灯管内填充高压惰性气体——氙气，取代传统的灯丝，在两段电极上有水银和碳素化合物，通过安定器以 23000V 高压电刺激氙气发光，在两极间形成完美的白色电弧，发出的光接近太阳光。

知识链接

> 由于色温不同，肉眼其实很好分辨卤素灯和氙气灯。色温是表示光源光色的尺度，单位为 K（开尔文）。色温是通过对比色彩和理论的热黑体辐射体来确定的。
>
> | 朝阳/夕阳 | 白炽灯 | 正午太阳 | 阴天 | 晴天阴影处 |
> | --- | --- | --- | --- | --- |
> | 1800K | 4000K | 5500K | 8000K | 12000K 16000K |
>
> 光源冷暖与色温值对应关系

一般来说，氙气灯相比卤素灯色温更高。目前主流的氙气灯色温在 4200~6000K，光色趋近于正午太阳光。理论上，越接近太阳光的颜色越容易使人眼适应。但目前改装氙气灯的色温多为 4200K，这样的色温其实与卤素灯相差不大。低色温的氙气灯价格更高，为什么还有那么多人选择呢？这主要是考虑到实用性，色温越低越能保证光的穿透性。而色温达上万 K 的氙气灯则拥有更好的视觉效果，但实用性很低，如图 1-2-13 所示。

4300K	6000K	8000K	10000K

图 1-2-13 氙气灯色温与亮度效果

为缓解氙气灯的延迟性，目前许多配备氙气灯的车型，远光灯依旧使用卤素灯。另外还可利用预先对氙气进行加热来消除延迟性，这种做法一般用于双透镜车型。透镜的作用是将氙气灯的散乱灯光汇聚成平行灯光，以获得更好的灯光指向性。由于氙气亮度较高，如果不加装透镜很容易使灯光发散，影响行车安全。双光透镜实际上是远近光一体透镜，"双"并不是指透镜数量，其含义是远近光共用一个发光单元，通过调整遮光板来实现远近光功能，如图 1-2-14 所示。

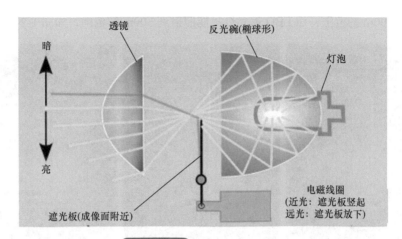

图 1-2-14　氙气灯的双透镜

2.3　LED 灯

除上面介绍的两种车用灯外，LED 灯的应用也愈发广泛。发光二极管（Light-Emitting Diode，LED）是一种能发光的半导体电子元件。这种电子元件发明于 1962 年，早期只能发出低光度的红光，之后发展出其他单色光的型号，今天的发光二极管已经能发出可见光、红外光及紫外光，光度也得到大幅提高。其实 LED 车尾灯很早就得到应用，而 LED 前照灯则出现得相对晚一些，这主要源于 LED 灯无法发出白光。

LED 灯的光学结构和氙气灯基本相同，都需要一个反射碗和一个透镜来汇聚平行光线。由于 LED 灯对热敏感，还需要特别加装散热装置，如图 1-2-15 所示。

图 1-2-15　LED 灯结构

2.4　激光灯

激光灯的发光元件是激光二极管，它和发光二极管有千丝万缕的联系。激光灯具有很多与 LED 灯相似的优点，例如响应速度快、节能、体积小、寿命长、亮度衰减低。在能耗和体积方面，激光灯比 LED 灯有更大的优势。

激光前照灯是宝马 i8 的选装配置，标配 LED 前照灯。在照射距离方面，激光前照灯能照射到车辆前方 600m 的范围，而 LED 远光灯只能照射到 300m 的范围，如图 1-2-16 所示。

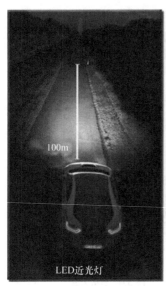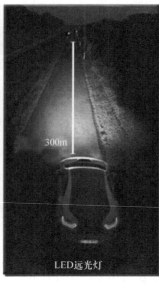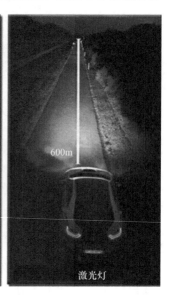

图 1-2-16 宝马 i8 混合动力车的激光灯照射距离与 LED 灯对比

　　宝马激光前照灯采用的激光光源为蓝色，其变为白光的过程与 LED 灯类似，即利用荧光滤镜的作用。具体照射过程（图 1-2-17）：由激光光源（A）产生直线蓝色激光，照射到反射镜（B）上，经反射照到黄磷滤镜（C）上，之后形成白光照向反射碗（D），最后经反射碗反射照向车头前方。这种设定是出于安全性的考虑。

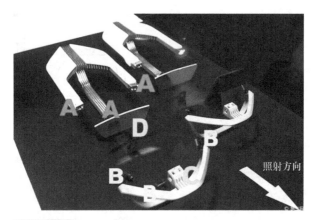

图 1-2-17 宝马 i8 混合动力车的激光前照灯照射过程

A—激光光源　B—反射镜　C—黄磷滤镜　D—反射碗

3. 按钮和开关的识别

　　按钮和开关（微型开关）属于接触式传感器。作用力施加在按钮和开关上时（按压、松开），它们就会发送信号。开关或按钮通常用于探测某些状态，例如行李箱盖是处于打开还是关闭状态。按钮仅在按压期间发送信号，此后返回静止位置。而开关操作时会卡止在相应位置，只有再次操作才能返回初始位置并结束信号发送。

机械开关以机械方式操作。这些开关具有一个或多个开关触点。根据触点是否闭合区分常开触点开关和常闭触点开关，如图 1-2-18 所示。此外还有转换（转换触点）开关，这种开关断开某一连接并通过共用接口建立另一连接。

开关通过闭合或断开触点来恢复或断开电路中的电流，以此表示打开或关闭状态（例如行李箱盖）。

a) 常开式　　b) 常闭式　　c) 转换组合式

图 1-2-18　按钮与开关的电路符号

4. 电阻的识别

用数字或色标在电阻器上标出的设计阻值，单位为欧（Ω）、千欧（kΩ）、兆欧（MΩ）、太欧（TΩ）。阻值按标准化优先数系列制造，系列数对应于允许偏差。电阻的阻值和允许偏差的标注方法有直标法、色标法和文字符号法。

（1）直标法（图 1-2-19）

将电阻的阻值和偏差直接用数字和字母印在电阻上（无偏差标示为允许偏差 ±20%）。

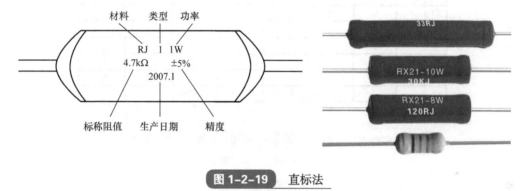

图 1-2-19　直标法

也有厂家采用习惯标记法，例如：

3 Ω3 表示电阻值为 3.3 Ω、允许偏差为 ±5%。

1 k8 表示电阻值为 1.8 kΩ、允许偏差为 ±20%。

5 M1 表示电阻值为 5.1 MΩ、允许偏差为 ±10%。

（2）色标法

将不同颜色的色环涂在电阻器（或电容器）上来表示电阻（电容器）的标称值及允许偏差，固定电阻器色环标志读数识别规则及各种颜色对应的数值如图 1-2-20 所示。

早期，一般当电阻的表面积不允许用数字表示法时，就会用色环标示法来表示电阻的阻值、公差、规格，主要分两部分。

第一部分：靠近电阻前端的一组用来表示阻值。每一条色环间等距，自成一组，容易和第二部分的色环区分。

两位有效数的电阻值，用前三个色环来代表阻值，例如 39Ω、39kΩ、39MΩ。

三位有效数的电阻值，用前四个色环来代表阻值，例如 69.8Ω、698Ω、69.8kΩ，一般用于精密电阻的表示。

第二部分：靠近电阻后端的一条色环用来代表公差精度。

1）三色环电阻。第一色环是十位数，第二色环是个位数，第三色环代表倍率。用前两个色环来代表阻值，例如 39Ω、39kΩ、39MΩ。

2）四色环电阻。四个色环电阻的识别：第一、二色环分别代表两位有效数的阻值；第三色环代表倍率；第四环代表偏差。

如图 1-2-20 中的"红红黑金"，其阻值为 $22 \times 1\Omega = 22\Omega$，偏差为 ±5%。

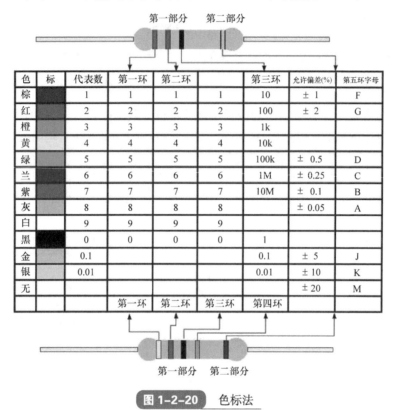

色	标	代表数	第一环	第二环		第三环	允许偏差(%)	第五环字母
棕		1	1	1	1	10	± 1	F
红		2	2	2	2	100	± 2	G
橙		3	3	3	3	1k		
黄		4	4	4	4	10k		
绿		5	5	5	5	100k	± 0.5	D
兰		6	6	6	6	1M	± 0.25	C
紫		7	7	7	7	10M	± 0.1	B
灰		8	8	8	8		± 0.05	A
白		9	9	9	9			
黑		0	0	0	0	1		
金		0.1				0.1	± 5	J
银		0.01				0.01	± 10	K
无							± 20	M
			第一环	第二环	第三环	第四环		

图 1-2-20 色标法

偏差 ±5% 表示电阻数值在标准值 22Ω 上下波动（5%×22Ω）都是可用的，即在 20.9~23.1Ω 之间都是好电阻。

3）五色环电阻。五个色环电阻的识别：第一、二、三环分别代表三位有效数的阻值；第四环代表倍率；第五环代表偏差。如果第五条色环为黑色，则一般用来表示绕线电阻器；如果第五条色环为白色，则一般用来表示为熔断电阻器。如果只有中间一条黑色的色环，则代表此电阻为零欧姆电阻。

如图 1-2-20 中的"黄紫黑橙棕"，其电阻为 $470 \times 1\text{k}\Omega = 470\text{k}\Omega$，偏差为 ±1%。

4）六色环电阻。六个色环电阻的识别：六色环电阻的前五个色环与五色环电阻含义一样，第六色环表示该电阻的温度系数。

5. 热敏电阻的识别

如图 1-2-21 所示，热敏电阻是敏感元件的一类，按照温度系数不同分为正温度系数热敏电阻器（PTC）和负温度系数热敏电阻器（NTC）。热敏电阻的特点是对温

图 1-2-21 热敏电阻

度敏感，不同的温度下表现出不同的电阻值。正温度系数热敏电阻器（PTC）温度越高时阻值越高，负温度系数热敏电阻（NTC）温度越高时阻值越低，它们同属于半导体器件。

热敏电阻的主要特点：

① 灵敏度较高，其电阻温度系数比金属大 10~100 倍，能检测出 $10^{-6}℃$ 的温度变化。

② 工作温度范围宽，常温器件适用于 –55~315℃，高温器件适用温度高于 315℃（目前最高可达 2000℃），低温器件适用于 –273~–55℃。

③ 体积小，能够测量其他温度计无法测量的空隙、腔体及生物体内血管的温度。

④ 使用方便，电阻值可在 0.1~100kΩ 间任意选择。

⑤ 易加工成复杂的形状，可大批量生产。

⑥ 稳定性好、过载能力强。

6. 电容的识别

电容是由两块金属电极之间夹一层绝缘电介质构成的。在两金属电极间加电压时，电极上就会存储电荷，因此电容器是储能元件。任意两个彼此绝缘又相距很近的导体，都能组成一个电容器。平行板电容器由极板和电介质组成。

电容器的存储能力以电容衡量，电容的单位是法拉（F）。

电容取决于导电板的面积、导电板间的距离和板间绝缘材料（电介质）的性质。

根据实际应用情况使用非极化或极化电容器。

如图 1-2-22 所示，非极化电容器的两个接头相同，可以相互调换。非极化电容器可用直流和交流电压驱动，而极化电容器有一个正极接头和一个负极接头，这两个接头不能互换。极化电容器不能用交流电压驱动。

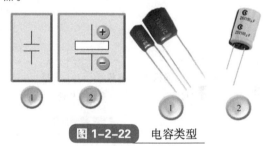

图 1-2-22　电容类型

1—非极化电容器　2—极化电容器

7. 电磁线圈的识别

电磁线圈通常指呈环形的导线绕组，最常见的电磁线圈应用有电动机、电感、变压器和环形天线等。电路中的电磁线圈指电感器，它由导线一根一根地绕起来，导线彼此绝缘，而绝缘管可以是空心的，也可以包含铁心或磁粉芯，如图 1-2-23 所示。电感器用 L 表示，单位有亨利（H）、毫亨利（mH）和微亨利（μH），$1H=10^{3}mH=10^{6}μH$。

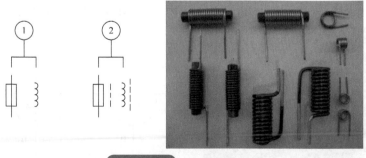

图 1-2-23　电磁线圈类型

1—不含铁心电磁线圈　2—含铁心电磁线圈

8. 二极管的识别

二极管是一种具有两个电极的电子元件，只允许电流由单一方向流过，具有整流功能。变容二极管（Varicap Diode）则用作电子式的可调电容器。

如图 1-2-24 所示，二极管种类很多，按照所用的半导体材料，可分为锗二极管（Ge 管）和硅二极管（Si 管）。根据不同用途，二极管可分为检波二极管、整流二极管、稳压二极管、开关二极管、隔离二极管、肖特基二极管、发光二极管、硅功率开关二极管、旋转二极管等。按照管芯结构，二极管可分为点接触型二极管、面接触型二极管及平面型二极管。点接触型二极管是用一根很细的金属丝压在光洁的半导体晶片表面，通以脉冲电流，使触丝一端与晶片牢固地烧结在一起，形成一个"PN 结"。由于是点接触，只允许通过较小的电流（不超过几十毫安），适用于高频小电流电路，如收音机的检波等。面接触型二极管的"PN 结"面积较大，允许通过较大的电流（几安到几十安），主要用于把交流电变换成直流电的"整流"电路。平面型二极管是一种特制的硅二极管，它不但能通过较大的电流，而且性能稳定可靠，多用于开关、脉冲及高频电路。

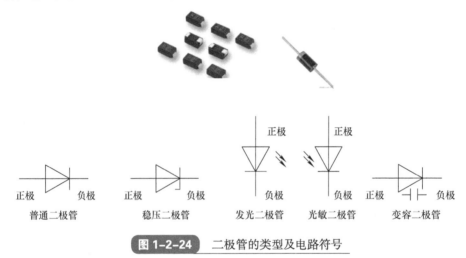

图 1-2-24　二极管的类型及电路符号

9. 晶体管的识别

晶体管全称为半导体晶体管，也称双极型晶体管，它是一种控制电流的半导体器件，作用是把微弱信号放大成幅值较大的电信号，也用作无触点开关。晶体管是半导体基本元器件之一，具有电流放大作用，是电子电路的核心元件。晶体管是在一块半导体基片上制作两个相距很近的"PN 结"，两个"PN 结"把整块半导体分成三部分，中间部分是基极（B），两侧部分分别是发射极（E）和集电极（C），排列方式有"PNP"和"NPN"两种，如图 1-2-25 所示。

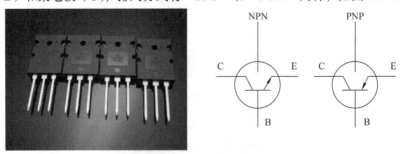

图 1-2-25　晶体管的类型及电路符号

1. 任务准备

安全防护：注意实训展示柜的保护。

工具设备：电路基础元件展示柜（行云新能 INW-DZG）。

台架车辆：无。

辅助资料：教材。

2. 实施步骤

电路基础元件的识别

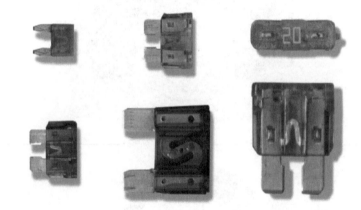

元件名称：＿＿＿＿＿＿；电路符号：＿＿＿＿＿＿；基本功能：＿＿＿＿＿＿＿＿＿＿＿＿＿＿＿＿＿＿＿＿。

元件名称：＿＿＿＿＿＿；电路符号：＿＿＿＿＿＿；基本功能：＿＿＿＿＿＿＿＿＿＿＿＿＿＿＿＿＿＿＿＿。

元件名称：＿＿＿＿＿＿；电路符号：＿＿＿＿＿＿；基本功能：＿＿＿＿＿＿＿＿＿＿＿＿＿＿＿＿＿＿＿＿。

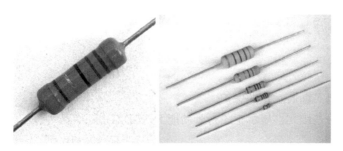

元件名称：_____；电路符号：_____；基本功能：_____。

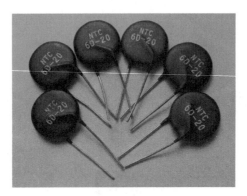

元件名称：_____；电路符号：_____；基本功能：_____。

元件名称：_____；电路符号：_____；基本功能：_____。

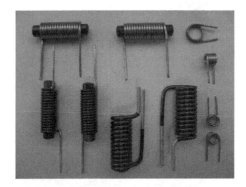

元件名称：_____；电路符号：_____；基本功能：_____。

元件名称：_____；电路符号：_____；基本功能：_____。

元件名称：_____；电路符号：_____；基本功能：_____。

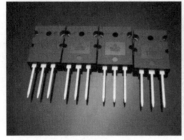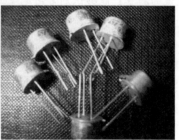

元件名称：_____；电路符号：_____；基本功能：_____。

项目 2

汽车电工常用工具的使用

项目描述

本项目共 3 个学习任务，分别是：

任务 1：数字万用表的种类和使用方法。

任务 2：电学参数的测量。

任务 3：常用绝缘工具的识别和使用。

通过 3 个任务的学习，掌握数字万用表的结构组成、功能区域识别；掌握电压和电压降、电阻、电流的测量；能够识别常用绝缘工具并正确使用。

任务 1　数字万用表的种类和使用方法

一、任务引入

检修电路故障时需要使用数字万用表进行测量与判断。数字万用表是一种多用途电子测量仪器，在实际操作中有重要用途。它不仅可以测量电阻，还可以测量电流、电压、电容、二极管、晶体管等电子元件和电路。因此，我们需要知道数字万用表的结构组成、功能区域，重点掌握数字万用表的使用方法。

二、任务要求

知识要求：

- 熟悉数字万用表的常见类型。

技能要求：

- 知道数字万用表的结构组成，能识别功能区域。
- 能够使用不同种类的数字万用表。

职业素养要求：

- 严格执行汽车检修规范，养成严谨科学的工作态度。
- 尊重他人劳动，不窃取他人成果。
- 养成总结训练结果的习惯，为下次训练积累经验。
- 养成团结协作精神。
- 严格执行 5S 现场管理。

三、相关知识

万用表也称多用表，可分为指针型万用表和数字型万用表两类，它具有多种测量功能，操作简单且携带方便，已成为应用最广泛的电工、电子测量仪表之一。对于广大家电维修、通信设备维修和汽车维修等从业人员，尤其是电工、电子初学者和无线电爱好者，掌握万用表的使用方法和技巧，是快速判断元器件好坏、检测电气设备线路（或电路）是否正常的基础。当今，数字式测量仪表已成为主流，有取代模拟式仪表的趋势。与模拟式仪表相比，数字式仪表灵敏度高、准确度高、显示清晰、过载能力强、便于携带、使用简单。

1. 数字万用表的分类与工作原理

数字万用表根据模拟量与数字量之间的转换来完成测量，它能用数字把测量结果显示出来，如图 2-1-1 所示。数字万用表测量电阻的误差比模拟万用表小，但用它测量阻值较小的电阻时，相对误差仍然比较大。数字万用电表的种类也很多，但面板布置大致相同，都有显示屏、电源开关、功能量程选择开关和表笔插孔（型号不同，插孔的作用有可能不同）。

1.1 数字万用表的分类

数字万用表种类较多，下面根据它的外形、功能量程选择方式和测量功能来进行分类。

图 2-1-1 数字万用表结构

1.1.1 按外形分类

数字万用表按外形主要可以分为台式、手持式、钳式和笔式等类型，如图 2-1-2 所示。

台式万用表属于高精确度万用表，多应用在科研、制造、通信等专业性比较强的领域。手持式万用表是目前最常用的万用表，广泛应用在电子电工、汽车电器维修的相关领域。钳式万用表也叫叉形万用表或卡式万用表，多应用在电工领域和汽车电器维修领域。笔式万用表也叫袖珍万用表，多应用在电工领域和汽车电器维修领域。

1.1.2 按功能量程选择方式分类

数字万用表按功能量程选择方式可以分为旋钮操作方式（手动、自动）和按钮操作方式两类，如图 2-1-3 所示。

a) 台式数字万用表　　　　　　　　　　　　　b) 手持式数字万用表

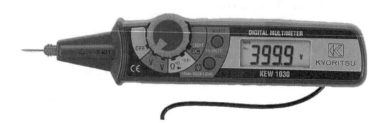

c) 钳式数字万用表　　　　　　　　d) 笔式数字万用表

图 2-1-2　常见数字万用表的外形

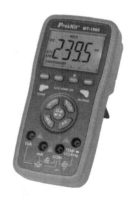

a) 手动转换旋钮式　　　　　b) 自动转换旋钮式　　　　　c) 按钮式

图 2-1-3　按功能量程选择方式分类

1.1.3　按测量功能分类

数字万用表按测量功能可分为普通型数字万用表和多功能型数字万用表两类。

（1）普通型数字万用表

普通型数字万用表只能测量电阻、电压和电流，因此也叫三用表，且其电流档可测量的电流强度较小。

（2）多功能型数字万用表

早期的多功能型数字万用表仅增加了大电流测量、晶体管放大倍数测量等功能。后期的多

数字万用表的
种类展示

功能型数字万用表又增加了通路 / 断路测量功能、电容测量功能、电源欠电压（电池电量不足）提示功能和自动延迟关机功能。部分新型多功能型数字万用表还设置了行电压、音频电平、温度、电感量和频率测量，以及红外信号检测（遥控器检测）等功能，此外，多功能型数字万用表的保护功能也越来越完善。

1.2　数字万用表的测量原理

数字万用表按 A-D 转换器的不同可分为逐次逼近比较式、双积分式和复合式三种，下面分别介绍它们的测量原理。

（1）逐次逼近比较式数字万用表

典型的逐次逼近比较式数字万用表由比较器、D-A 转换器、基准源（基准电压发生器）、脉冲分配器、时钟脉冲发生器（振荡器）、数码寄存器和显示屏等构成，如图 2-1-4 所示。

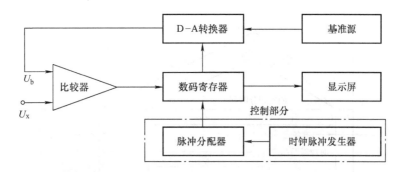

图 2-1-4　典型的逐次逼近比较式数字万用表电路构成

此类万用表在测量时，需要通过多次比较，才能完成检测信号的识别和处理，例如在测量 1.893V 电压值时，它的比较程序如图 2-1-5 所示。

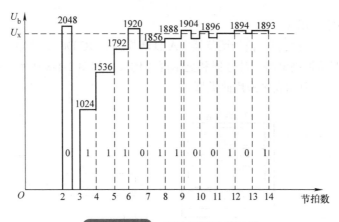

图 2-1-5　逐次逼近比较过程

（2）双积分式数字万用表

典型的双积分式数字万用表由积分器、零比较器、功能 / 量程转换开关、逻辑控制电路、闸门、计数器、时钟脉冲（振荡器）、寄存器、译码器和显示屏等构成，如图 2-1-6 所示。

此类万用表在测量时，需要通过准备阶段、取样阶段和比较阶段才能完成检测信号的识别和处理，它的信号处理原理如图 2-1-7 所示。

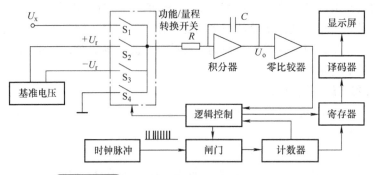

图 2-1-6 典型的双积分式数字万用表电路构成

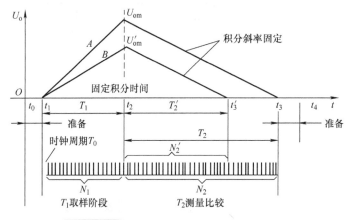

图 2-1-7 双积分 A-D 转换器的处理过程

（3）复合式数字万用表

典型的复合式数字万用表由信号调节器、A-D 转换器、DC/DC 变换器、时钟振荡器、功能 / 量程转换开关、逻辑控制电路、计数器和显示屏等构成，如图 2-1-8 所示。由于此类万用表的功能全面，目前的数字万用表多采用此类型。

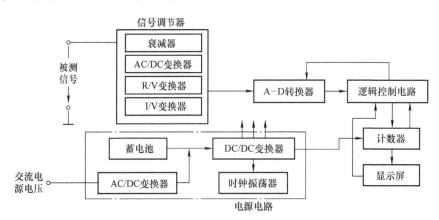

图 2-1-8 典型的复合式数字万用表电路构成

2. 数字万用表的特点与安全信息

2.1　数字万用表的特点

与模拟（指针）万用表相比，数字万用表的主要优点是量程范围宽、精确度高、测量速度快且输入阻抗高（一般可达 10MΩ）。

（1）采用数字化测量技术

数字万用表采用数字化测量技术，通过 A-D 转换器将被测的模拟量转换成数字量，最终以数字量输出。只要仪表不发生跳数现象，测量结果就是唯一的，既保证了读数的客观性与准确性，又符合人们的读数习惯，显示结果一目了然，它不会像模拟万用表那样，出现人为的测量误差。

（2）液晶显示器

早期的数字万用表多采用字高 12.5mm 的液晶显示器（LCD）。目前的数字万用表为提高显示清晰度，多采用字高 18mm 的大尺寸 LCD，DT940C、DT960T、DT970、DT980 和 DT9205 型等数字万用表更是采用了字高 25mm 的超人尺寸 LCD。新型数字万用表大多增加了功能标志符，如单位符号 mV、V、kV、μA、mA、A、Ω、kΩ、MΩ、nS、kHz、pF、nF、μF，测量项目符号 AC、DC、LOΩ、LO BAT（低电压符号）、H（读数保持符号）、AUTO（自动量程符号）、×10（10 倍乘符号）、·））（蜂鸣器符号）。

（3）测试功能多

数字万用表的测试功能要比模拟万用表多，它不仅可以测量直流电压（DCV）、交流电压（ACV）、直流电流（DCA）、交流电流（ACA）、电阻（Ω）、PN 结导通压降（V_F）和晶体管共发射极电流放大倍数（h_{FE}），还可以测量电容量（C）、电导（S）、温度（T）、频率（f）和线路通断，并具有低功率法测电阻档（LOΩ）。

新型数字万用表除具有上述功能外，还有一些实用测试功能：自动关断电源（AUTO OFF POWER）、读数保持（HOLD）、逻辑测试（LOGIC）、真有效值测量（TRMS）、相对值测量（REL △）、液晶条图（LCD Bargraph）显示和峰值保持（PK HOLD）等。另外，部分数字万用表还能输出 50Hz 方波信号，可用作低频信号源。

实际应用提示

　　PN 结导通压降通常采用二极管符号，因此也被俗称为二极管测量档。通断测量档通常附加到 PN 结压降测量档上或电阻档上。为便于使用，通断测量档设置了蜂鸣器，因此也被俗称为蜂鸣器档。

（4）测量范围宽

目前，新型数字万用表的测量范围比模拟万用表更宽，如电阻档（Ω）的测量范围为 0.01~20MΩ（或 200MΩ）；直流电压档（DCV）的测量范围为 0.2~1000V；交流电压档（ACV）的测量范围为 0.01~700V（或 750V）；频率档（f）的测量范围为 10Hz ~20kHz（或 200kHz）。

（5）准确度高

数字万用表的准确度（精度）远高于模拟万用表。因为数字万用表的准确度是测量结果中的系统误差与随机误差的综合，它表示测量结果与真值（标准值）的一致程度，能反映测量误差的大小。一般情况下，准确度越高，测量误差就越小。

（6）分辨力高

模拟万用表的分辨力是用其刻度最小分度（或按指针宽度和刻度宽度）来衡量的，而数字万用表的分辨力是其最低电压量程上末位所对应的电压值。例如，模拟万用表最低电压量程为1V，按50格计算，其分辨力约为0.02V（20mV），而三位半的数字万用表最低电压量程为200mV，其分辨力为0.1mV。因此，数字万用表的电压分辨力远高于模拟万用表。

数字万用表的分辨力也可以用分辨率来表示。分辨率指所能显示的最小数字（零除外）与最大数字之比，通常用百分数表示。例如，三位半数字万用表可显示的最小数字为1，最大数字为1999，则分辨率为$1/1999 \approx 0.05\%$。

分辨力代表数字万用表对微小电量的"识别"能力，即"灵敏性"，不能将分辨力与准确度混为一谈。

（7）测量速率快

每秒内对被测量量的测量次数叫测量速率（也称取样速率），单位是"次/s"。它主要取决于数字万用表A-D转换器的转换速率。例如，四位半数字万用表测量速率可达20次/s。测量速率随数字万用表的显示位数增加而增加，可达每秒几十次以上。测量速率与准确度互相矛盾，即准确度越高，测量速率越低。实际应用中，通常采用增设快速测量档或通过降低显示位数来提高测量速率。后者在几乎不影响准确度的情况下，可以大幅提高测量速率，因此应用比较普遍。

（8）输入阻抗很高

数字万用表的输入阻抗指其处于工作状态下，表笔所接输入电路的等效阻抗。一般情况下，数字万用表的输入阻抗较大，保证在测量过程中，对被测电路的分流电流极小，不会影响被测电路（或信号源）的工作状态，以减小测量误差。

三位半数字万用表直流电压（DCV）基本量程档的输入电阻一般为10MΩ，其他扩展量程受分压器影响有所降低，但也都在$1 \times 10^7 \Omega$数量级。交流电压（ACV）档受输入电容的影响，输入阻抗明显低于直流电压（DCV）档，只适用于测量低频、中频的交流电压。而测量高频交流电压时，需安装配套的高频探头后才能进行。

（9）集成度高

数字万用表均采用单片A-D转换器，外围电路比较简单，只需要少量辅助芯片及其他元器件。近年来，业界不断开发出单片数字万用表专用芯片，采用一块芯片就可构成功能较完善的自动量程式数字万用表。

（10）微功耗

数字万用表普遍采用CMOS大规模集成电路的A-D转换器，因此整机功耗极低。新型数字万用表的功耗仅为几十毫瓦，只需采用9V叠层电池供电。

（11）抗干扰能力强

噪声干扰大致分两类，一类是串模干扰，干扰电压与被测信号串联加至仪表的输入端；另一类是共模干扰，干扰电压同时加于仪表的两个输入端。衡量仪表抗干扰能力的技术指标也有两个，即串模抑制比（SMRR）和共模抑制比（CMRR）。数字万用表的共模抑制比可达

86~120dB。

（12）过载能力强

数字万用表具有较完善的保护电路，过载能力强，使用过程中只要不超过规定的极限值，即使误操作，例如用电阻档去测量 220V 交流电压，一般也不会损坏表内的大规模集成电路（A-D 转换器）。不过，使用时还应尽量避免误操作，以免因熔断器、功能 / 量程转换开关等元器件损坏而影响正常使用。

2.2 数字万用表的安全信息

仪器上及文档中的标志如图 2-1-9 所示，它们表示为保证安全操作仪器而必须采取的预防措施。

符号	说明	符号	说明
$---$	直流电(DC)	◯	关(电源)
～	交流电(AC)	│	关(电源)
≅	直流电和交流电两用	⚡	小心，有电击风险
3～	三相交流电	⚠	小心，危险
⏚	接地端	♨	小心，表面热
⏚	保护性导线端子	⊓	双稳按钮关闭
⏚	框架或机架端子	⊓	双稳按钮开启
▽	等电位	CAT Ⅲ 1000V	Ⅲ类1000V过电压保护
▣	设备由双重绝缘或加强绝缘保护	CAT Ⅳ 600V	Ⅳ类600V过电压保护

图 2-1-9   数字万用表安全标志

在数字万用表的操作和维修的所有阶段中，必须遵循以下一般预防措施。

· 在将任何线路连接到仪器之前，请观察仪器上的所有标记。

· 在超出 60V（DC）、30V（AC）或 42V 峰值的情况下作业时需谨慎，这些范围存在引发电击的危险。

· 请勿测量高于端子之间或端子与地面之间额定电压（万用表上已标出）的电压。

· 通过测量已知电压来复查万用表的运行情况。

· 测量电流时，在将万用表与电路连接之前关闭电路电源，始终将万用表与电路串联。

· 连接探头时，始终要先连接常用测试探头。断开探头连接时，始终首先断开活动测试探头的连接。

- 打开电池盖之前，先从万用表上取下测试探头。
- 如果万用表的电池盖或电池盖的某一部分已被拆除或松开，则不要使用该万用表。
- 一旦屏幕上低电量指示灯闪烁，应尽快更换电池，这样能够避免读数出错。如果读数出错，则可能导致电击或人身伤害。
- 不要在易爆炸或存在易燃气体或烟雾的环境中操作万用表。
- 检查包装是否存在裂缝或缺少塑胶。需要特别注意的是连接器周围的绝缘情况。不要使用已损坏的万用表。
- 检查测试探头是否存在绝缘物质损坏或金属裸露的情况，并检查连续性。不要使用已损坏的测试探头。
- 不要使用修补过的熔断器或短路的熔断器支架。为避免发生火灾，应更换线路熔断器，仅使用能承受相同额定电压和额定电流及推荐类型的熔断器。
- 不要独自维修或执行调整。在特定情况下，即使关闭了设备，电压仍有可能导致人伤。为避免电击，除非有急救人员在场，否则维修人员不得进行内部维修或调整。
- 不要替换部件或更改设备，以避免引发其他危险。
- 不要使用已损坏的设备，否则可能会损坏（物理损坏、进入大量潮气或其他原因）万用表内置的安全保护功能部件。断开电源，只有维修培训人员证实操作安全后才能使用。
- 在执行电阻、连续性、二极管或电容测试之前，关闭电路电源，并将电路中所有高压电容器放电。
- 使用正确的端子、功能和量程进行测量。
- 不要在选中当前测量的情况下测量电压。
- 确保在万用表中正确插入电池，并确保极性正确。

四、任务实施

1. 任务准备

安全防护：注意 220V 家用电压保护。

工具设备：电气箱（行云新能 INW-DQX）、插线板、手持式数字万用表和钳形数字万用表。

台架车辆：无。

辅助资料：电气箱（行云新能 INW-DQX）使用说明书、连接导线和教材。

2. 实施步骤

2.1 数字万用表的识别

汽车电器维修过程中，使用较多的是手持式数字万用表和钳式数字万用表。下面以这两种数字万用表为例介绍数字万用表的结构和使用方法。

2.1.1 手持式数字万用表

如前文所述，手持式数字万用表有功能/量程选择开关（手动、自动）式和按钮式之分，两者在结构组成上略有区别。如图 2-1-10 所示，手持式数字万用表主要由显示屏、电源开关、功能/量程选择开关（手动、自动、按钮）、输入插孔、晶体管插孔和数据保持键等部分组成。

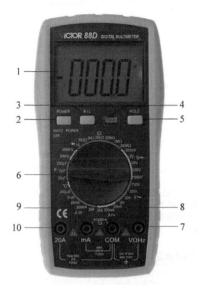

操作面板说明

1——液晶显示器。
2——POWER电源开关。
3——背光开关：触发延时，约5s后自动关闭。
4——通断测试指示灯。
5——数据保持键。
6——旋钮开关。
7——电压、电阻、频率"+"极插孔。
8——公共地，电容、温度"+"极插孔。
9——电容、温度"—"极及小于200mA电流测试插孔。
10——20A电流测试插孔。

a) 手动选择量程

手持式数字万用表的结构及功能

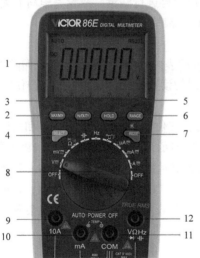

操作面板说明

1——液晶显示器。
2——最大值/最小值按钮。
3——频率、占空比按钮。
4——功能切换按钮。
5——数据保持按钮。
6——手动量程按钮。
7——RS232电脑接口开关及背光键。
8——功能/量程选择旋钮：用于选择各种
测量功能和量程。
9——10A电流输入孔：测量交直流电流10A
档的正输入端，插入红表笔。
10——μA/mA及温度输入孔：测量交直流电流
微安、毫安和温度档的正输入端，插入红
表笔。
11——COM输入孔：负输入端，插入黑表笔
12——VΩHz输入孔：测量电压、频率/占空
比、电阻、电容、二极管以及通断测
试的正输入端，插入红表笔。

b) 自动选择量程

图 2-1-10　手持式数字万用表的结构及功能

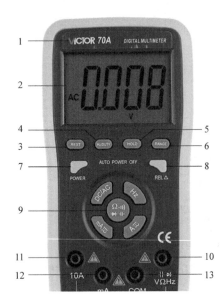

操作面板说明

1——仪表型号。

2——液晶显示器。

3——复位开关：用于功能开关键的初始状态。

4——Hz/DUTY：频率/占空比选择键，在频率档位按此键可以在频率和占空比之间切换；在交流电压或交流电流档位按此键可以在电压或电流/频率/占空比之间切换。

5——"HOLD"读数保持，按一次锁定，再按一次解除锁定。

6——RANGE：自动/手动量程切换，开机时预设为自动量程，按一下切换为手动量程，每按一下向上跳一档，到最高档时再按此键跳到最低档，依次轮回。如按此键超过2s则切换到自动量程。频率及电容档没有手动量程。

7——"POWER"为电源开关。

8——REL：相对值测量，按一下此键为相对值测量，再按一次取消相对值测量。

9——功能开关按键。

10——电容、二极管、电压、电阻、频率输入插孔：测量电压\频率\电阻\电容\二极管以及通断测试的正输入端，插入红表笔。

11——10A电流输入插孔：测量交直流电流10A档的正输入端。

12——mA/mA及温度输入孔。

13——COM输入孔。

c) 按钮选择量程

图 2-1-10 手持式数字万用表的结构及功能（续）

（1）电源开关

数字万用表设有电源开关（POWER）或关闭档位（OFF），控制数字万用表的电源状态。按下它打开仪表的电源，待显示屏显示的数字稳定后再进行测量，测量完毕马上关掉电源（即再按一次 POWER 或选择开关在关闭档位 OFF）以免浪费电能。

（2）数字万用表液晶显示屏

若显示屏上出现"🔋"符号，则表示数字万用表内的 9V 电池电量低，如图 2-1-11 所示。此表在低电压下工作，读数可能出错，为避免错误的读数造成错觉而导致电击伤害，显示低电压符号时应及时更换电池。

数字万用表液晶显示屏根据显示位数通常可分为三位半、四位半、五位半和六位半等。测量时，对三位半数字万用表，能以三位半的十进制数字显示读数。最大显示数为 1999 或 –1999，并有极性和小数点的指示。对四位半数字万用表，最大显示数为 19999 或 –19999。其他显示位数依此类推。当被测量超过最大显示值时，显示屏显示数字"1."，如图 2-1-12 所示，表示过量程或溢出，此时应更换更高量程进行测量。在测量电阻时，若表笔开路，则显示屏也会显示过量程符号"1."。在测量二极管反向状态时也会显示过量程符号"1."，表示反向电阻很高。因此，测量时应注意区分，不能混淆。数量单位参见量程（选择）开关上的标注。

图 2-1-11 数字万用表电池电量低提示

图 2-1-12 数字万用表过量程或溢出显示

有时显示屏中带有负号"–"，这表示表笔的极性与被测点的极性相反。有时显示值中带有小数点，读数时必须注意。另外，要等到显示值稳定后才能读取，如果显示值一直不能稳定，就读取平均值或最大值。

（3）功能/量程选择开关

使用数字万用表首先是选择档位和量程。测量之前，对于手动和自动式均需将功能/量程选择开关拨到合适档位。手动式还需要选择合适的量程，自动式数字万用表会根据测量结果自动显示。数字万用表有测量保护装置，因此在测量过程中可以通过转动开关来转换量程。手动式选择比较复杂，下面以其为例进行功能/量程选择开关的介绍。

直流电压档：如图 2-1-13 所示，它可以测量 0~1000V 的直流电压（DCV），分 200mV、2V、20V、200V、1000V 五档，档位数字指最大能测量的电压值（量程），测量时不能超过此值。

交流电压档：如图 2-1-14 所示，它可以测量 0~700V 的交流电压（ACV），分 200mV、2V、20V、200V、700V 五档，档位数字指最大能测量的电压值（量程），测量时不能超过此值。

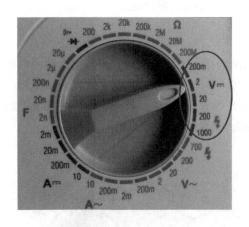

图 2-1-13　直流电压档

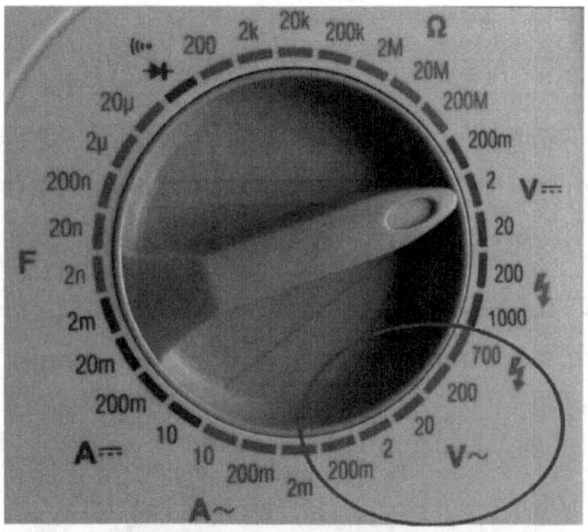

图 2-1-14　交流电压档

直流电流档：如图 2-1-15 所示，它可以测量 0~10A 的直流电流（DCA），分 2mA、20mA、200mA、10A 四档，档位数字指最大能测量的电流值（量程），测量时不能超过此值。

交流电流档：如图 2-1-16 所示，它可以测量 0~10A 的交流电流（ACA），分 2mA、200mA、10A 三档，档位数字指最大能测量的电流值（量程），测量时不能超过此值。

电阻档：如图 2-1-17 所示，它可以测量 0~200MΩ 的电阻值（Ω），分 200、2k、20k、200k、2M、20M、200M 七档，档位数字指不能超过的电阻测量值（量程）。

晶体二极管及蜂鸣档：如图 2-1-18 所示，它可以测量晶体二极管的导通电压值（直流电压降），正向接时，若显示器显示"000"，则表

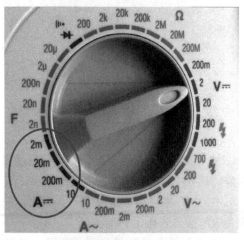

图 2-1-15　直流电流档

示二极管短路；若显示"1."，则表示二极管开路；若显示的数字在 200~800 范围内，则表明二极管正常。

图 2-1-16　交流电流档　　　　　　　　　　　图 2-1-17　电阻档

蜂鸣档可以测量电路的通断情况，将测量表笔两端接入被测电路中，若被测电路的电阻小于 80Ω，则万用表内的电子蜂鸣器会发出鸣叫声，与"晶体二极管"共用一档。

电容档：如图 2-1-19 所示，它可以测量 0~20μF 的电容值（F），分 2n、20n、200n、2μ、20μ 五档，档位数字指最大能测量的电容值（量程），测量时不能超过此值。

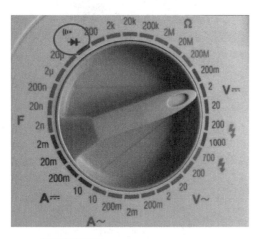

图 2-1-18　晶体二极管及蜂鸣档　　　　　　　图 2-1-19　电容档

（4）插孔

使用数字万用表测量时，需要将测量表笔插入到对应的插孔中，如图 2-1-20 所示。

"COM"插孔是接地或"—"插孔，一般情况下黑色表笔插入该插孔中。

"VΩ"插孔是测量电压、电阻、二极管和电容CAP 档的插孔，通常红色表笔插入该插孔中。

图 2-1-20　插孔

△CAT.II1000V 用来警告输入电压不能超过 1000V 指定极限值，否则会造成仪表损坏。

"mA"插孔是测量电流的插孔，一般情况下红色表笔插入该插孔中。FUSED MAX 200mA 表示输入的测量电流最大值不能超过 200mA。

"10 A"插孔是测量 10A 大电流的插孔，一般情况下红色表笔插入该插孔中。FUSED MAX 10A 表示输入的测量电流最大值不能超过 10A。

（5）数据保持（HOLD）键

在测量过程中，若看不清显示器，无法读数，则可以锁定显示。H 为锁定显示读数保持开关，如图 2-1-21 所示。按下它后，仪表显示器上的显示值将被锁定，同时显示"H"符号，再按一次可解除读数保持状态。

图 2-1-21　数据保持键

2.1.2　钳式数字万用表

钳式万用表比普通万用表多一个表头，该表头是根据电流互感器的原理制成的，利用互感器产生的感应电流通过万用表读出，专用于测量交直流电流，如图 2-1-22 所示。其余按键功能和手持式数字万用表一样，在此不再赘述。

钳式万用表的测量电流部分是由电流互感器和万用表的电流测量部分组成的。互感器的铁心有一个活动部分，与手柄相连，使用时，按动手柄使活动铁心张开。将被测电流的导线放入钳口中，松开手柄后使铁心闭合。此时，通过电流的导线相当于互感器的一次绕组，二次绕组内将出现感应电流，其大小由导线的工作电流与绕组圈数之比来确定。电流表接在二次绕组的两端，因此它所指示的电流是二次绕组中的电流，与工作中的电流成正比。将归算好的刻度作为反映一次侧的电流量，当导线中有电流通过时，与二次绕组相连的电流表指针便按比例发生偏转，从而指示出被测电流的强度值。

2.2　数字万用表的使用

2.2.1　手持式数字万用表的使用
（1）使用前的准备

将 ON-OFF 开关置于 ON 位，检

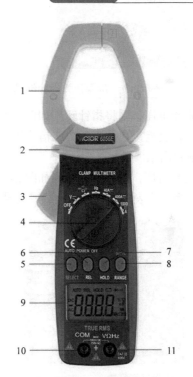

图 2-1-22　钳式数字万用表

1—钳头：测量交直流电流的一种装置，使电流转换为电压，待测电流单一导体必须垂直穿越钳头中心　2—手部防护：为保护使用者手部碰正常触到危险区的一种安全设计　3—钳头扳机：按压扳机，使钳头张开，若松开扳机，则钳头局部再度密合　4—测量功能转盘
5—SELECT 键功能选择键　6—REL 键相对值测量键
7—HOLD 键读数保持键　8—RANGE 键为多功能组合键，以触发方式工作，在 V 测量档位时作为 RANGE 键使用，钳表开机预设为自动量程，如果最高档位则跳至最低档位。按住此键超过约 2s，即切换回自动量程。在 Hz 测量档时，作为 Hz/Duty% 键使用，按此键后，可以使钳表在 Hz 测量和 Duty% 测量方式之间的切换　9—液晶显示器
10—公共地端　11—电压、电阻等"正"输入端

查 9V 电池，如果电池电压不足，或显示器上显示"BAT"，则应更换电池；若无以上问题则按以下步骤进行。

测试前，功能 / 量程开关应置于所需量程，同时注意指针的位置，如图 2-1-23 所示。

同时要特别注意的是，测量过程中，若需要换档或换插针位置，必须将两支表笔从测量物体上移开，再进行操作。请注意表笔插孔旁的警告符号，测试电压和电流不要超过其指示数字。使用数字万用表测量前，确保将功能 / 量程开关置于相应档位，否则可能损坏万用表。

（2）电压档的使用

测电压时，必须把黑表笔插于 COM 孔，红表笔插于 VΩ 孔，如图 2-1-24 中框线所示。

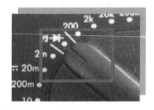

图 2-1-23 功能 / 量程开关指针位置

图 2-1-24 电压 / 电阻测量表笔插孔位置

若测直流电压，则将指针转到如图 2-1-25 所示的直流档。将功能 / 量程开关置于直流电压量程范围，将表笔接在被测负载或信号源上。显示屏在显示电压读数时，红表笔所接端的极性也会同时显示出来。

若测交流电压，则将指针转到如图 2-1-26 所示的交流电压档。将功能 / 量程开关置于交流电压量程范围，将表笔接在被测负载或信号源上。

图 2-1-25 直流电压档

图 2-1-26 交流电压档

✓ 如果不知道被测电压范围，则将功能 / 量程开关置于大量程，并逐渐降低量程（不能在测量中改变量程）。

✓ 如果显示"1"，则表示过量程，功能 / 量程开关应置于更高的量程。

△ "!"表示不要输入高于万用表要求的电压，显示更高的电压值是可能的，但有损坏内部线路的危险。

✓ 当测高压时，应特别注意避免触电。

✓ 数字万用表电压档的内阻很大，至少在兆欧级，对被测电路影响很小。但极高的输出阻抗使其易受感应电压的影响，在一些电磁干扰比较强的场合测出的数据可能是虚的。要注意避免外界磁场对万用表的影响（例如有大功率用电器件在使用）。

✓ 在使用万用表的过程中，不能用手接触表笔的金属部分，这样一方面可以保证测量的准确性，另一方面可以保证人身安全。

（3）电阻档的使用

将万用表指针转到如图 2-1-27 方框所示的电阻档，黑表笔插于 COM 孔，红表笔插于 VΩ 孔，再对被测电阻进行测量。

✓ 如果被测电阻阻值超出所选量程的最大值，将显示"1"，应选择更高的量程。对于大于 1MΩ 或更高阻值的电阻，要几秒后读数才能稳定，对于高阻值电阻这是正常的。

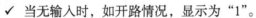

图 2-1-27 电阻档

✓ 当无输入时，如开路情况，显示为"1"。

✓ 检查内部线路阻抗时，要保证被测线路所有电源断电，所有电容放电。

✓ 200MΩ 短路时约有四位数，测量时应从读数中减去，如测 100MΩ 电阻时，显示为"101.0"，第四位数应减去。

✓ 检查电路通断时，不可以将功能 / 量程开关拨到"🔊"档，而应使用电阻档判断。电阻小于 80Ω 的情况下蜂鸣器都会响。

✓ 测量小阻值电阻时，应先将两表笔短接，读出表笔连线的自身电阻（一般为 0.2~0.3Ω），以对被测阻值做出修正。

✓ 电阻档有过电压保护功能，瞬间误测规定范围内的电压不会造成损坏。例如，有的数字万用表电阻档最大允许输入电压（直流或交流峰值）为 250V，这是误用电阻档测量电压时仪表的安全值，但不可带电（如电池、人体等）测量电阻，这样会导致万用表电阻档精度下降，甚至损坏。

（4）电流档的使用

如图 2-1-28 中方框所示，万用表电流档分为交流档与直流档。测量电流时，必须将万用表指针转到相应的档位上。

a) 交流档

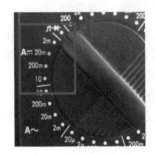

b) 直流档

图 2-1-28 电流档

测量电流时，若使用 mA 档进行测量，则应把万用表黑表笔插入 COM 孔，把红表笔插入 mA 档，如图 2-1-29a 中方框所示。将功能 / 量程开关置于量程范围，测试笔串入被测电路中，在显示电流读数时，红表笔所接端的极性也会同时显示出来。

若使用 10A 档进行测量，则黑表笔不变，仍插在 COM 孔中，把红表笔拔出后插到 10A 孔中，如图 2-1-29b 中方框所示。将功能 / 量程开关置于量程范围，测试笔串入被测电路中。

a) mA档

b) 10A档

图 2-1-29 电流测量表笔插孔位置

✓ 如果使用前不知道被测电流强度范围，则将功能 / 量程开关置于最大量程并逐渐降低量程（不能在测量中改变量程）。

✓ 如果显示器只显示"1"，则表示过量程，功能开关应置于更高量程。

（5）二极管档的使用

将万用表指针转到如图 2-1-30 中方框所示二极管档，黑表笔插入 COM 孔，红表笔插入 VΩ 孔。此档除可测量二极管外，还可测量晶体管、编码开关等。

（6）电容档的使用

如图 2-1-31 中方框所示，将指针转到电容档（F 档），将功能 / 量程开关置于量程范围。

图 2-1-30 二极管档

图 2-1-31 电容档

在数字万用表的左下方有两个孔，如图 2-1-32 所示，孔上标有 C_x，把需要测的电容元件插到里面即可测量，有极性的电容要注意正负极。

（7）晶体管档的使用

图 2-1-33 所示的档位主要用于测晶体管的放大倍数 β 值。测量之前，需确定晶体管是 PNP 型还是 NPN 型，同时确定各端子极性。

图 2-1-32 电容测量插孔

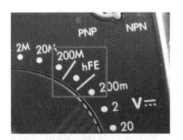

图 2-1-33 晶体管测量量程选择 / 插孔位置

2.2.2　钳式数字万用表的使用

钳式数字万用表可用来测量直流电压、交流电压、直流电流、交流电流、电阻、电容、频率和二极管等。电压、电阻、电容、二极管等的测量方法和手持式数字万用表类似，在此不再赘述。以下主要讲解交流电流和直流电流的测量方法。

将功能/量程选择开关转到"40A"或更高量程档位，如图 2-1-34 所示。

图 2-1-34　交直流电流量程

按 SELECT 键选择交流电流或直流电流测量模式，如图 2-1-35 所示。在靠近电磁场的位置使用，可能导致显示不稳定或显示不正确的读数。

测量直流电流前先按 REL 键清零，交流电流不用清零。按住钳头扳机打开钳头，用钳头夹取待测导体，然后缓慢放开扳机，直到钳头完全闭合。确定待测导体是否被夹在钳头的中央，未置于钳头中央会产生附加误差，如图 2-1-36 所示。

图 2-1-35　交直流电流模式切换

图 2-1-36　直流电流的测量

连接负载提示

按住钳头扳机时不要突然松开，钳头内置的霍尔元件是一种敏感器件，它除对磁场敏感外，对热、机械应力均有不同程度的敏感反应，撞击会短时引起读数变化。

钳表一次只能测量一个电流导体，若同时测量两个或更多电流导体，则会导致测量读数错误。

五、学习检查

1）请利用电气箱（行云新能 INW-DQX）连接出以下基本电路，测量完成后填空。

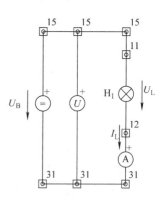

电压 U_B＝_____V（断开电路测量）。

测量 U_L、流过负载的电流 I 和灯泡 H_1 的电阻值：

U_L＝_____V；I_L＝_____A；R_{H_1}＝_____Ω。

为测量电压，如何连接万用表和测量对象 H_1？＿＿＿＿＿＿＿。

为测量电流，如何连接万用表和灯泡 H_1？＿＿＿＿＿＿＿。

为测量电阻，如何连接万用表和灯泡 H_1，应注意什么？

＿＿＿＿＿＿＿＿＿＿＿＿＿＿＿＿＿＿＿＿＿＿＿。

请运用欧姆定律计算测量对象 H_1，其阻值为_____Ω，与实际测得的阻值进行比较，结果是否相同？为什么？

＿＿＿＿＿＿＿＿＿＿＿＿＿＿＿＿＿＿＿＿＿＿＿。

测量车顶灯两侧电压，U＝_____V，通过电流 I＝_____A；运用欧姆定律计算车顶灯电阻，R_1＝_____Ω。

测量车顶灯电阻，R_2＝_____Ω；R_1 和 R_2 是否相等，为什么？

＿＿＿＿＿＿＿＿＿＿＿＿＿＿＿＿＿＿＿＿＿＿＿。

2）请利用电气箱（行云新能 INW-DQX）连接出以下串联电路，测量完成后填空。

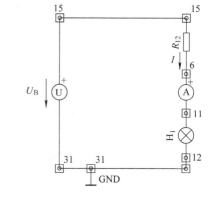

测量电压，U_B＝_____V；$U_{R_{12}}$＝_____V；U_{H_1}＝_____V。

测量流过负载的电流 I＝_____mA。

计算 R_{12}、H_1 的电阻值，$R_{R_{12}}$＝_____Ω；R_{H_1}＝_____Ω。

总电阻值，$R_{总}$＝_____Ω。

电压 U_B、$U_{R_{12}}$ 和 U_{H_1} 之间有什么关系？

＿＿＿＿＿＿＿＿＿＿＿＿＿＿＿＿＿＿＿＿＿＿＿。

分别测量 R_{12} 和 H_1 的电阻值，并验证计算值，结果如何？

＿＿＿＿＿＿＿＿＿＿＿＿＿＿＿＿＿＿＿＿＿＿＿。

将灯泡的亮度与题目 1 中的灯泡 H_1 亮度进行对比，结果如何？为什么？

＿＿＿＿＿＿＿＿＿＿＿＿＿＿＿＿＿＿＿＿＿＿＿。

3）请利用电气箱（行云新能 INW-DQX）连接出以下并联电路，测量完成后填空。

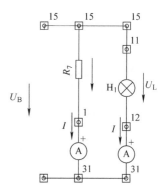

测量 U_{H_1}、U_{R_7}，流过负载的电流 I_{H_1}、I_{R_7} 和 H_1、R_7 的电阻值 R_{H_1}、R_{R_7}。

U_{H_1}＝_____V；U_{R_7}＝_____V。

I_{H_1}＝_____mA；I_{R_7}＝_____mA。

R_{H_1}＝_____Ω；R_{R_7}＝_____Ω。

计算总电压 U_B、总电流 I、总电阻 R 的值。

$U_B=$_____V；$I=$_____mA；$R=U_B/I=$_____Ω。

测量总电压 U_B、总电流 I、总电阻 R 的值。

$U_B=$_____V；$I=$_____mA；$R=$_____Ω。

比较测量值和计算值并分析结果。

_____。

如果 1 号角松脱了，灯泡 H_1 的亮度如何变化？再次测量以上各值有何变化？

_____。

任务 2 电学参数的测量

一、任务引入

日常使用数字万用表主要是进行电压、电阻和电流的测量。因此我们需要知道电压与电压降、电阻、电流和电功率的测量有哪些注意事项，并能够对测量结果进行准确判断。

二、任务要求

知识要求：

• 掌握万用表测量电压、电流、电阻和电功率的必备条件。

技能要求：

• 会进行电压、电流、电阻和电功率的测量。
• 能够根据测量结果进行准确判断。

职业素养要求：

• 严格执行汽车检修规范，养成严谨科学的工作态度。
• 尊重他人劳动，不窃取他人成果。
• 养成总结训练结果的习惯，为下次训练积累经验。
• 养成团结协作精神。
• 严格执行 5S 现场管理。

三、相关知识

1. 电压的测量

万用表作为电压表使用时，将黑表笔插入 COM 插孔，红表笔插入 VΩ 插孔。需要选择交直流及量程，将表笔连接到被测负载或信号源上，在显示电压读数时，同时会指示出红表笔所接电源的极性，如图 2-2-1 所示。

用万用表测量电压。万用表始终与用电器、元件或电压电源并联在一起。

万用表的内阻（固有电阻）越高越好，以尽可能减少万用表对待测电压的影响。数字万用表具有非常高的内阻（R_i>1MΩ），被测阻值越小，测量的误差越小。

用万用表测量时要注意以下问题：

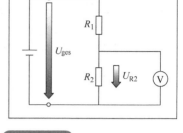

图 2-2-1   测量电阻 R_2 的电压

- 必须设置电压类型，即交流电压或直流电压（AC/DC）。

- 测量直流电压时注意极性。

- 如果不确定被测电压范围，则首先将功能 / 量程开关置于自动或最大量程后，视情况降至合适量程。万用表一般有几个可供选择的档位，所选择的量程应以得到最精确读数为依据。当 LCD 只在最高位显示"1"或"OL"时，说明已过量程，需调高量程。

- 测量时万用表必须始终与待测量的对象并联。

- 测量电压注意电缆或导体的横截面，对电气系统进行变动时，例如使用大功率电气负载，必须改变电缆的横截面积以适应更高的电流。

- 因电缆芯破损而减小横截面积时，可能会增大电压降。通过测量电阻无法发现该故障，只有通过测量闭合电路中的电压降才能发现。

- 测量高电压时要格外注意，以避免触电。不要输入高于仪表量程的电压，否则有损坏仪表内部线路的危险。

- 测量后要将电压表调到最大交流电压量程。

2. 电流的测量

（1）数字万用表测电流

安培表从原理上分为内分流式和感应式。内分流式安培表用于小电流的测量，测量时必须串联于所测电路中，绝不能与所测电路并联，否则将使原应流经部件的电流绕过该部件直接流入仪表，过高的电流会烧坏仪表和电路。

万用表属于内分流式安培表。当万用表与所测电路串联时，电流将通过表内的一个固定电阻。另外一条电阻较高的电路与上述电阻并联，电流的大小就通过该电路显示在显示器上，如图 2-2-2 所示。万用表对于小电流量的测量十分精确，特别是测量电子电路，最大读数一般是 10~20A。

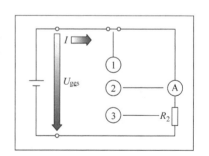

图 2-2-2   测量电流

1—开关   2—电流表   3—电阻

万用表作为电流表使用时，将功能 / 量程开关置于电流档，根据信号选择交直流，并将表笔串联接入到待测负载回路里。

将红表笔插入 mA 或 10A 或 20A 插孔（测量 200mA 以下的电流时，插入 mA 插孔；测量 200mA 及以上的电流时，插入 10A 或 20A 插孔），黑表笔插入 COM 插孔。

用万用表测量时要注意以下问题：

- 注意电流类型，即电路中流过的是交流电流还是直流电流（AC/DC）。

- 开始时应选择尽可能大的量程。不知被测电流的强度范围时，应将量程开关置于自动或高量程档，根据读数需要逐步调低量程。

- 注意直流电流的极性。

- 万用表始终与用电器串联在一起。为此必须断开电路导线，将万用表串入电路中。测量时电流必须流经万用表。

- 当开路电压与地之间的电压超过安全电压（60V DC 或 30V AC）时，不要进行电流测量，以避免万用表或被测设备损坏。

- 测量前一定要切断被测电源，认真检查输入端子及功能 / 量程开关位置是否正确，确认无误后，才可通电测量。

- 若输入过载，内装熔断器会熔断，需更换。

- 测试大电流时，为了安全使用万用表，应根据说明限定每次测量时间。

- 测量后要将万用表调到最大交流电压量程。

（2）电流夹钳测电流

测量电流的另一种方法是使用感应式电流钳，如图 2-2-3 所示。如果待测电流强度 > 10A，那么用电流夹钳测量电流的优势非常突出。此外，用它测量电流强度时无需打开电路。

测量电流时，电流夹钳必须连接在待测电流流过的电路中。因此，电流夹钳与相关电气负载串联在一起，电流夹钳的内阻应越小越好。

如果因失误将电流夹钳与供电电源并联，则会因内阻较低而通过高强度电流。这种情况可能会对电流夹钳造成无法修复的损坏或导致电路过载。

图 2-2-3　用电流夹钳测量电流

1—电流钳　2—蓄电池负极导线

3. 电阻的测量

电阻器作为组件也在车辆电路中使用，同时，线路的状态也可以使用阻值来判断。因此，应能够正确测定电阻值。

电阻值用数字万用表欧姆档测量。

注意：测量电阻时，电路一定不能通电，否则可能会损坏万用表。

使用万用表测量电阻时，将红表笔插入 VΩ 插孔，黑表笔插入 COM 插孔。

将功能 / 量程开关置于 Ω 档，选择合适的量程，将表笔并接到待测电阻上。

万用表有一块内置电池（工作电压通常为 9V）。待测电阻与万用表和供电电源串联，如图 2-2-4 所示。

注意：数字万用表测量电阻时所用的测量电流非常低。这可能会造成有关电子部件的显示不正确。因此，数字万用表具有检测电路导通性和二极管的专用档位。

测量电阻时要注意以下问题：

- 测量期间不得将待测部件连接在电压电源上，因为万用表使用本身的电压电源，并通过电压

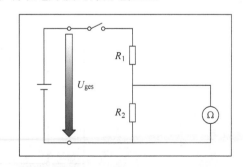

图 2-2-4　测量电阻时万用表的连接方式

或电流确定电阻值。

- 待测部件必须至少有一侧与电路分离，否则并联的部件会影响测量结果。
- 极性无关紧要。

万用表与待测对象连接在一起并选择正确测量范围后，显示器会以数值形式直接显示出电阻。如果超出最高测量范围，则表示电路中断。因此，万用表也可用于检查电路导通性。

注意：导通性测量的档位不能确切测出电阻值。

测量时还要注意两表笔短接时的读数，此读数是一个固定的偏移值。为获得精确读数，可以将读数减去红、黑两表笔短接读数值。

四、任务实施

1. 任务准备

安全防护：注意 220V 家用电压保护。
工具设备：电气箱（行云新能 INW-DQX）、插线板、手持式数字万用表、钳形数字万用表。
台架车辆：混合动力或内燃机车辆。
辅助资料：电气箱（行云新能 INW-DQX）使用说明书、连接导线、教材。

2. 实施步骤

2.1 电压与电压降的测量

（1）测量电压与电压降的必备条件是什么？

（2）确定工作流程，完成各任务的信息：

1）在下方电路图中画出测量电阻 R_1 和 R_4 电压时万用表的位置。电阻 R_3 上的电压值是多少？

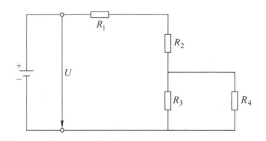

2）按右图所示连接测量电路，使用数字万用表测量。

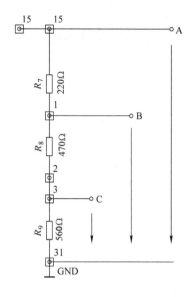

测量点电压	测量值 /V
U_A	
U_B	
U_C	
U_{BC}	
U_{CB}	
U_{AC}	
U_{CA}	

如果交换参考点，从所示电压值中能看出什么不同？

_____。

尝试使用 AC 档测量上述信号，结果如何？

_____。

电阻 R_7 和 R_8 的电压降是多少？

_____。

3）总结电压及电压降测量的注意事项及正确方法。

4）案例分析：喇叭不响，拔下插头测量电压正常，为何连上去还不响？

2.2　电流的测量

（1）测量电流的必备条件是什么？

（2）确定工作流程，完成各任务的信息：

1）在下方电路图中画出测量电阻 R_{11} 和 R_9 的电流时万用表的位置。请连接好电路并测量 R_{11} 和 R_9 的电流。

测量电流时万用表如何使用？

用一个万用表测另一个万用表的两个电流插孔是否导通，据此判断万用表的好坏。

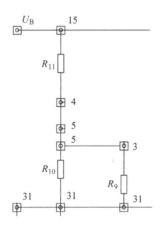

2）按右图所示连接测量电路，测量电流时万用表如何使用？

空载电压（无负载）$U_B=$＿＿＿＿＿＿V。

在线电压（接负载）$U_B=$＿＿＿＿＿＿V。

电压是否相同？为什么？

＿＿＿＿＿＿＿＿＿＿＿＿＿＿＿＿＿＿。

测量 U_{LAST} 和流过负载的电流 I：

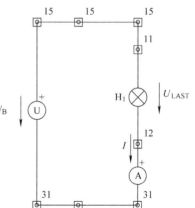

U_{LAST}/V	I/A

尝试使用 AC 档测量电流，结果如何？

＿＿＿＿＿＿＿＿＿＿＿＿＿＿＿＿＿＿。

以串联方式将电阻 R_{12} 与灯泡 H_1 连接在一起。测出以下数值：

U_B/V	U_{H_1}/V	I/A	$U_{R_{12}}$/V

断开灯泡，测量接线柱 11 的电压 =_____V。

测量接线柱 12 的电压 =_____V。

思考：如果断开电路测量灯泡供电电压为 U_B，是否说明供电电路正常？为什么？

3）总结电流测量的注意事项及正确方法。

4）案例分析：车辆漏电或起动困难，如何排查？使用电流夹钳测量起动电流和休眠电流。

电流夹钳测量起动电流 =____A；起动时蓄电池瞬间电压 =____V。

电压较小是什么原因造成的？

电流夹钳休眠电流 =_____A。

休眠电流过大是什么原因造成的？

2.3　电阻的测量

（1）测量电阻的必备条件是什么？

（2）确定工作流程，完成各任务的信息：

1）连接电路图，测量 R_9、R_{11} 电阻值。

用一个万用表的电压档测量另一个万用表在不同电阻档的电压值。

如何变化：

结论：

R_9=_____；R_{11}=_____。

2）按下图所示连接测量电路，测量电阻上的电压和电流。将测量值填入下表中。

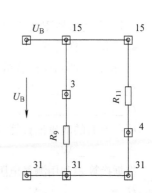

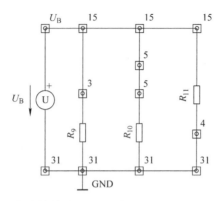

利用测量值计算电阻值，将计算值填入下表中。

测量参数	R_9 计算值	R_{10} 计算值	R_{11} 计算值
U/V			
I/A			
R/Ω			

根据表中工作条件，利用万用表的欧姆档测量 R_9、R_{10} 和 R_{11} 的电阻值，将测量值填入以下表格。

工作状态	R_9 测量值 /Ω	R_{10} 测量值 /Ω	R_{11} 测量值 /Ω
断开电源，断开电路			
断开电源，连接电路			
连接电源，连接电路			

结论：

3）总结电阻测量的注意事项及正确方法。

4）案例分析：维修技师经常通过测量总线电路中的终端电阻（为 60Ω 左右）来判断终端电阻的好坏，这种方法是否正确？为什么？

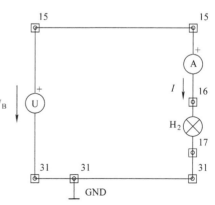

2.4 电功率的测量与计算

• 确定工作流程，完成各任务的信息：

1）按右图所示连接测试电路，测量下列电路参数：

U_{H_2}=＿＿＿＿＿＿＿V；

I=＿＿＿＿＿＿＿A。

根据上面的测量值计算灯泡 H_2 的实际功率：

P=＿＿＿＿＿ W。

根据换算表利用测量电阻值计算灯泡功率：

U_{H_2}=＿＿＿＿＿＿＿V。

R_{H_2}（测量电阻值）=_____ Ω。

根据测量电阻值计算灯泡 H_2 的功率 P：

P=_____W。

思考：两种计算结果是否相同？若有不同，原因是什么？

_____

_____。

观察灯泡 H_2 数据_____（灯泡插座处的标记）。

根据灯泡上的数据计算灯泡的额定电流值。

I=_____A。

2）将任务 1）电路中的灯泡替换为电动机 M_1。测量下列电路参数：

U_{M_1}=_____V。

I=_____A。

根据上面的测量值计算电动机 M_1 的实际功率：

P_{M_1}=_____W。

使用换算表公式重新计算电动机功率：

U_{M_1}=_____V。

R_{M_1}（测量电阻值）=_____ Ω。

根据测量电阻值计算电动机 M_1 上的功率：

P_{M_1}=_____W。

思考：两种计算结果是否相同？若有不同，原因
是什么？

_____

_____。

任务 3　常用绝缘工具的识别和使用

一、任务引入

新能源汽车最大的特点是使用了几百伏的高电压。在实际维修过程中，维修技师需要使用到绝缘检测仪（绝缘电阻表）进行绝缘故障、漏电故障的确认。因此，对于维修新能源汽车的维修技师来说，学会绝缘电阻表的使用至关重要。

二、任务要求

知识要求：

- 掌握手摇绝缘电阻表和数字绝缘电阻表的功能。
- 熟悉手摇绝缘电阻表和数字绝缘电阻表的使用注意事项。

技能要求：

- 了解手摇绝缘电阻表和数字绝缘电阻表的结构组成，会识别功能区域。
- 会使用手摇绝缘电阻表和数字绝缘电阻表。

职业素养要求：

- 严格执行汽车检修规范，养成严谨科学的工作态度。
- 尊重他人劳动，不窃取他人成果。
- 养成总结训练结果的习惯，为下次训练积累经验。
- 养成团结协作精神。
- 严格执行 5S 现场管理。

三、相关知识

绝缘电阻表是一种用于测量高电阻的直读数式仪表，一般用来测量电路、电动机绕组、电缆和电气设备等的绝缘电阻。万用表测量的一般为低电压条件下的绝缘电阻，而绝缘电阻表测量的一般为高电压条件下的绝缘电阻。

 知识链接

> 所谓绝缘，就是使用不导电的物质将带电体隔离或包裹起来，以防止触电的一种安全措施。良好的绝缘是保证电气设备与线路安全运行，防止人身触电事故发生的最基本和最可靠手段。
>
> 电气线路与设备的绝缘选择必须与电压等级相配合，而且须与使用环境及运行条件相适应，以保证绝缘的有效性。

1. 手摇绝缘电阻表

手摇绝缘电阻表又称摇表，它的刻度是以兆欧（MΩ）为单位的。绝缘电阻表由中大规模集成电路组成，其输出功率大，短路电流高，输出电压级多。绝缘电阻表是电力、邮电、通信、机电安装和维修等行业常用的仪表。它用于测量各种绝缘材料的电阻值，以及变压器、电机、电缆和电气设备等的绝缘电阻。它由摇柄、刻度盘和三个接线柱（即 L– 线路端、E– 接地端、G– 屏蔽端）组成，如图 2-3-1 所示。

手摇绝缘电阻表根据所测电压的不同，常用的有 500V、1000V 和 2500V 三种，如图 2-3-2 所示。在无特殊规定时，设备的工作电压在 500V 及以下的使用 500V 的绝缘电阻表测量，若选用高电压绝缘电阻表则可能损坏被测设备的绝缘；工作电压为 500~3000V（不含）的使用

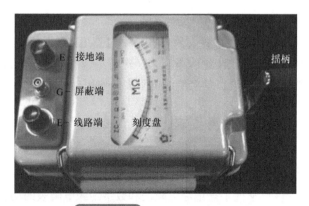

图 2-3-1 手摇绝缘电阻表

1000V 的绝缘电阻表测量；工作电压在 3000V 及以上的使用 2500V 绝缘电阻表测量。

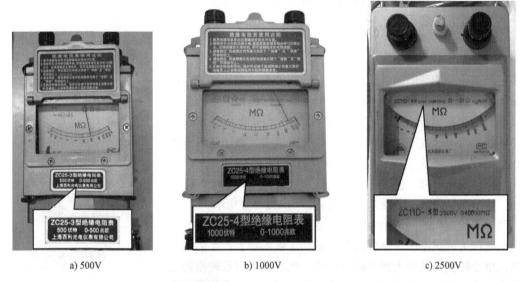

a) 500V　　　　　　　　b) 1000V　　　　　　　　c) 2500V

图 2-3-2　手摇绝缘电阻表的种类

与手摇绝缘电阻表表针相连的有两个线圈，一个同表内的限压电阻 R_V 串联，另一个同限流电阻 R_1 串联，两者一起接到手摇发电机上。当以 120r/min 速度均匀摇动手柄时，两个线圈中同时有电流通过，在两个线圈上产生方向相反的转矩，表针就随着两个转矩的合成转矩的大小而偏转某一角度，偏转角度取决于两个电流的比值，限压电阻是不变的，因此电流值仅取决于限流电阻的大小（图 2-3-3 所示）。

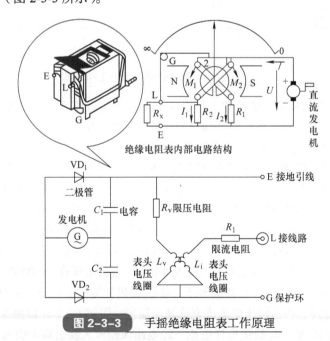

图 2-3-3　手摇绝缘电阻表工作原理

I_1 电流最大（即限流电阻为 0）时，指针指向刻度 0；I_V 电流最大（即开路状态）时，指针

指向刻度无穷大 ∞；限流电阻为一定值时，指针指向限流电阻的数值。绝缘电阻表没有游丝，不能产生反作用力矩，因此绝缘电阻表在不工作时停留在任意位置（即不定位），而不是回零，这跟其他指针式仪表不同。

2. 数字绝缘电阻表

传统的手摇绝缘电阻表是由手摇发电机产生的高压施加在被测物体上，通过测量流经被测物体的电流来测量绝缘电阻的，操作复杂、测量精度低。20 世纪 80 年代以来，由于电子技术及数字测量技术的迅速发展，出现了数字绝缘电阻表。数字绝缘电阻表受电池驱动，免去手摇发电的麻烦，具有精度高、读数直观、操作方便、安全可靠、便于携带等优点，已逐渐取代传统绝缘电阻表，成为测量绝缘电阻最常用的仪表，如图 2-3-4 所示。

数字绝缘电阻表一般由直流电压变换器将电池电压转换为直流高压电作为测试电压，该测试电压施加于被测物上产生的电流经电流电压转换器转换为相应的电压值，然后送入模数转换器变为数字编码，再经微处理器计算处理，由显示器显示出相应的电阻值，如图 2-3-5 所示。

图 2-3-4 数字绝缘电阻表

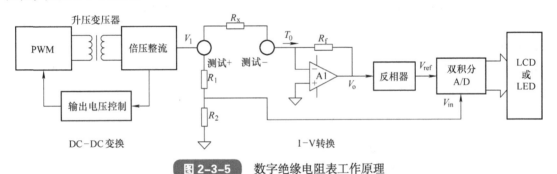

图 2-3-5 数字绝缘电阻表工作原理

直流电压变换器（DC-DC 变换器）将电池电压转换为直流高压测试电压，它是数字绝缘电阻表的关键部分。新能源汽车高压维修使用的数字绝缘电阻表根据所测电压的不同，常用的有直流高压 250V、500V、1000V，及交流高压 750V。由于考虑转换效率、体积、输出电压控制及变换，数字绝缘电阻表经常采用脉宽调制（PWM）型开关电源集成控制器将电池的直流电压变换为脉宽调制信号，经升压变压器转化为高压脉冲，再由倍压整流（2 倍或 3 倍）平滑成直流高压测试电压，其输出电压大小是通过输出电压控制电路调节脉冲宽度来调整的。常用 UC3840、TL494 和 SG3524 等，这类脉宽调制型控制器是国际上最流行的开关电源集成控制器，包括开关稳压器所需的全部控制电路，其中有误差放大器、振荡器、脉宽调制器、脉冲发生器、开关管和过流过热保护。图 2-3-6 是应用 SG3524 将 9V 直流电压升至 1000V 的实用电路。

SG3524 是升压电路的核心，它直接向开关管 Q_1 提供脉宽调制信号，由 Q_1 推动升压变压器，经升压后输出高压脉冲，再由倍压整流成直流高压输出。引脚 6、7 外接振荡电阻 R_5、电容 C_2，确定其开关频率。电阻 R_1、R_2 提供取样电压，经电压误差放大器引脚 1 引入，与引脚 2 的参考电压进行比较，放大器输出电压送至脉宽调制器控制输出脉冲的占空比，从而稳定输出电压。

引脚 4、5 为电流限制放大器，引脚 11、12 和 13、14 为集电极、发射极均开路 NPN 晶体管组成的输出极。由 SG3524 可知：

开关频率：$f \approx 1.30 / (R_T C_T) = 1.30 / (2 \times 0.02) = 32.5 (\text{kHz})$

式中，R_T 单位为 $k\Omega$；C_T 单位为 μF；f 单位为 kHz。

输出电压：$U_o = 2.5(1 + R_1/R_2) = 2.5(1 + 2000/5) = 1002.5(\text{V}) \approx 1000(\text{V})$

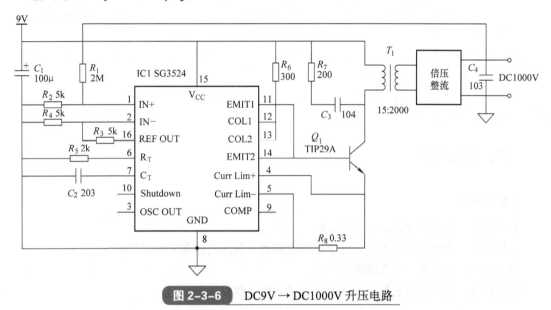

图 2-3-6　DC9V → DC1000V 升压电路

数字绝缘电阻表的直流电压变换器性能可以通过测量其短路输出电流和跌落电压来判断，输出短路电流和跌落电压均可反映内部输出高压源内阻的大小。我国的相关规程要求绝缘电阻表输出短路电流大于 0.5mA、1mA、2mA 或 5mA，国家计量检验规程 JJG1005-2005 规定绝缘电阻表在其测量端接厂家提供的跌落电阻值时，端子的电压即为跌落电压，其值不低于额定电压的 90%。

电流电压转换器（I-U 转换）：从图 2-3-5 可以看出，由待测电阻 R_x、反馈电阻 R_f 及运算放大器 A_1 组成一个 I-U 转换电路。它将流经被测绝缘电阻 R_x 的电流转换为电压信号输出。

当测试电压 U_i 作用于待测电阻 R_x 上时，根据运算放大器特性，其正输入端为地电位，负输入端（测试端 -）同样为地电位（虚地），由欧姆定律可得：

$$I_o = U_i / R_x \tag{1}$$

因此运算放大器的输出电压：$U_o = -I_o R_f$　　　　　　　　　　　　　　　　　　　（2）

将式（1）代入式（2）得：$U_o = -U_i R_f / R_x$　　　　　　　　　　　　　　　　　　（3）

U 经过反相后得：$U_{ref} = -U_o = U_i R_f / R_x$　　　　　　　　　　　　　　　　　（4）

由式（4）可以看出，U_o 与 R_x 成反比。测试电压相同时，R_x 越大，U_o 就越小。I-U 转换电路的精度直接关系到仪器的测量准确度，由于所测绝缘电阻阻值比较大，I_o 一般为 $1 \times 10^{-8} \sim 1 \times 10^{-3}$A，所以需要选用低失调电压低漂移高精度的运算放大器，因此经常使用斩波运算放大器。

模数转换器（A/D）是模拟电路与数字电路连接的纽带，也是模拟仪表与数字仪表的重要标志。精度不高于 1% 的数字绝缘电阻表通常采用 ICL7106（或 ICL7107）大规模集成电路，ICL7106 是带 LCD 显示器（ICL7107 为 LED 显示器）的 3½ 位双积分 A/D 转换器，利用其输入电压与参考电压的比值特性可以非常方便地测得电阻值。

根据 ICL7106 特点，其显示值 $N=1000U_{in}/U_{ref}$ （5）

由图 2-3-5 可知：$U_{in}=U_iR_2/(R_1+R_2)$ （6）

将式（4）、式（6）代入式（5）可得：$N=1000R_2/R_f(R_1+R_2)R_x$

设 $k=R_2/R_f(R_1+R_2)$，则 $N=1000kR_x$ （7）

由式（7）可知：只要选择合适 k 值，ICL7106 显示值 N 就等于被测绝缘电阻 R_x 值，完成 A/D 转换和数字显示。

数字绝缘电阻表将 U_o、U_{in} 信号送至模数转换器转化为数字编码，然后送给微处理器进行计算和处理，最后由显示器显示结果。它不仅可以测量绝缘电阻 R_x，还可以测量被测设备的吸收比（即 R_{60s} 和 R_{15s} 的比值）和极化指数（即 R_{10min} 和 R_{1min} 比值），并以此数据为依据更准确地判定被测设备绝缘状况的优劣。

四、任务实施

1. 任务准备

安全防护：注意 220V 家用电压保护。

工具设备：手摇绝缘电阻表、数字绝缘电阻表（美国福禄克 Fluke1508）。

台架车辆：行云新能绝缘测试工作台。

辅助资料：绝缘电阻表使用说明书、连接导线、教材。

2. 实施步骤

2.1 手摇绝缘电阻表的使用

（1）使用前的安全检查

在使用前应检查绝缘电阻表连接线的绝缘层是否完好，有无破损。检查绝缘电阻表固定接线柱有无滑丝。

开路实验：将绝缘电阻表水平放置，连接线开路，以 120r/min 的速度摇动摇柄。在开路实验中，指针应指到 ∞ 处（在开路实验过程中，双手不能触碰线夹的导体部分，实验完成后，相互触碰线夹放电），如图 2-3-7 所示。

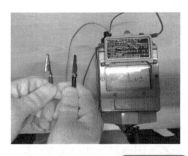 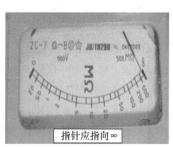

指针应指向 ∞

图 2-3-7 开路实验

短路实验：以 120r/min 的速度摇动摇柄，使 L 和 E 两接线柱输出线瞬时短接。短路实验中，指针应迅速指零。注意在摇动手柄时不得让 L 和 E 短接时间过长，否则将损坏绝缘电阻表，如

图 2-3-8 所示。

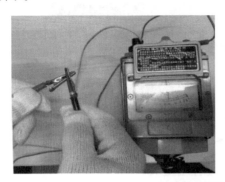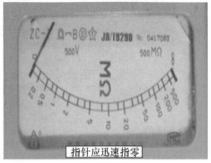

指针应迅速指零

图 2-3-8　短路实验

 手摇绝缘电阻表使用提示

- 禁止在有雷电时或高压设备附近测绝缘电阻，只能在设备不带电，也没有感应电的情况下测量。
- 摇测过程中，被测设备上不能有人工作。
- 绝缘电阻表线不能缠在一起，要分开。
- 绝缘电阻表未停止转动之前或被测设备未放电之前，严禁手触。拆线时，不要触碰引线的金属部分。
- 测量结束时，大电容设备要放电。
- 绝缘电阻表应定期校验。校验方法是直接测量有确定值的标准电阻，检查测量误差是否在允许范围内。

（2）手摇绝缘电阻表的使用

观测被测设备和线路是否在停电的状态下进行测量。绝缘电阻表与被测设备间的连接导线不能用双股绝缘线或绞线，应用单股线分开单独连接，如图 2-3-9 所示。

确认三相导线无电，如有电需使用放电棒进行放电。为减小测量误差，通过接地线屏蔽测量时相线绝缘上产生的泄漏电流，如图 2-3-10 所示。接线时，先接接地端，后接导线端，拆线时顺序相反。

相对地绝缘电阻测量接线。选择 1000V 量程的绝缘电阻表，先将绝缘电阻表的接线端子"E"接地，再将接线端子"L"接相线，然后将接线端子"G"接在相线绝缘上，最后将被测相线的接地线拆除。使用时以 120r/min

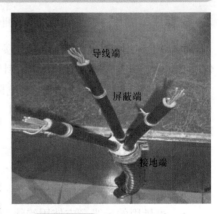

导线端
屏蔽端
接地端

图 2-3-9　绝缘测试工作台

的匀速摇动绝缘电阻表 1min，读取表针稳定的数值，如图 2-3-11 所示。

相对相绝缘电阻测量接线。G 端子为屏蔽端子，目的是屏蔽测量时相线绝缘上产生的泄漏电流，以减小测量误差。使用时以 120r/min 的匀速摇动绝缘电阻表 1min，读取表针稳定的数值，如图 2-3-12 所示。绝缘电阻的要求：对 10kV 的高压电缆，要求在 400MΩ 以上；潮湿环境，要求在 1000MΩ 以上。

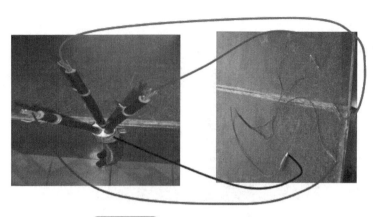

图 2-3-10　连接接地线（短路线）

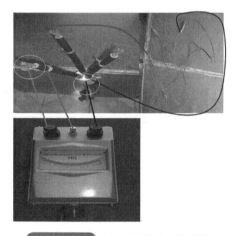

图 2-3-11　相对地绝缘电阻测量

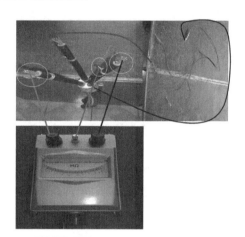

图 2-3-12　相对相绝缘电阻测量

　　电动机绕组对地绝缘电阻测量接线，选择 500V 量程的绝缘电阻表，使用时以 120r/min 的匀速摇动绝缘电阻表 1min，读取表针稳定的数值，如图 2-3-13 所示。

　　电动机绕组与绕组之间绝缘电阻测量接线。使用时以 120r/min 的匀速摇动绝缘电阻表 1min，读取表针稳定的数值，如图 2-3-14。低压电动机绝缘要求 380V 的为 0.5MΩ 及以上，220V 的为 0.22MΩ 及以上。

　　（3）手摇绝缘电阻表使用注意事项

- 使用绝缘电阻表测量高压设备绝缘，应由两人操作。
- 应视被测设备电压等级的不同选用合适的绝缘电阻测试仪。
- 测量用的导线，应使用绝缘导线，其端部应有绝缘套。
- 手摇绝缘电阻表与被测设备之间应使用单股线分开单独连接，并保持线路表面清洁干燥，避免因线与线之间绝缘不良产生误差。
- 测量绝缘时，必须将被测设备从各方面断开，验明无电压，证明设备上无人工作后，方可操作。在测量中禁止其他人接近设备。
- 测量绝缘前后，必须将被测设备对地放电。被测设备必须与其他电源断开，以保护设备及人身安全。

图 2-3-13　电动机绕组对地绝缘电阻测量　　图 2-3-14　电动机绕组与绕组之间绝缘电阻测量

- 测量线路绝缘时，应取得对方允许后再操作。

- 在有感应电压的线路上（同杆架设的双回线路或单回线路与另一线路有平行段）测量绝缘时，必须将另一回线路同时停电，方可操作。

- 在带电设备附近测量绝缘电阻时，测量人员和绝缘电阻表的安放位置必须适当，保持安全距离，以免绝缘电阻表引线或引线支持物触碰带电部分。移动引线时，必须注意监护，防止工作人员触电。

- 摇测时，将绝缘电阻表置于水平位置，摇把转动时其端钮间不许短路。摇测电容器、电缆时，必须在摇把转动的情况下将接线拆开，否则反充电会损坏绝缘电阻表。

- 摇动手柄时，应由慢渐快，均匀加速到 120r/min，并注意防止触电。摇动过程中，指针已指零时，不能再继续摇动，以防表内线圈发热损坏。

- 为防止被测设备表面泄漏电阻，使用绝缘电阻表时，应将被测设备的中间层（如电缆壳芯之间的内层绝缘物）接保护环。

- 禁止在雷电天气或在带高压导体的设备处使用绝缘电阻表测量。

2.2　数字绝缘电阻表的识别和使用

（1）美国福禄克 Fluke1508 绝缘检测仪的识别

Fluke1508 是一种由电池供电的绝缘测试仪（即绝缘电阻表，以下简称"测试仪"），它由测试仪、测量表笔、绝缘测试笔、鳄鱼夹等部件组成，如图 2-3-15 所示。该测试仪符合第四类（CAT Ⅳ）IEC61010 标准。IEC61010 标准根据

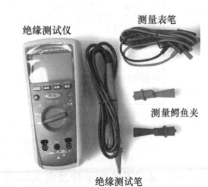

图 2-3-15　美国福禄克 Fluke1508 绝缘检测仪

瞬态脉冲的危险程度定义了四种测量类别（CATI~IV）。第四类（CATIV）测试仪设计成可防护来自供电母线的（如高空或地下公用事业线路设施）瞬态损害。

旋转开关位置：选择任意测量功能档即可启动测试仪。测试仪为该功能档提供了一个标准显示屏（量程、测量单位、组合键等）。蓝色按钮用于选择其他旋转开关功能档（用蓝色字母标记）。旋转开关的选择如图 2-3-16 所示。

开关位置	测量功能
V	AC(交流)或DC(直流)电压，0.1～600.0V
零Ω	Ohms(欧姆)，0.01Ω～20.00kΩ
1000V 500V 250V 100V 50V	Ohms(欧姆)，0.01MΩ～10.0GΩ 利用50V、100V、250V、500V和1000V执行绝缘测试

图 2-3-16 旋转开关位置

按钮和指示灯：使用按钮来激活可扩充旋转开关所选功能的特性。测试仪上还有两个指示灯，使用此功能时，它们会点亮。按钮和指示灯如图 2-3-17 所示。

按钮/指示灯	说明	按钮/指示灯	说明
▭	按蓝色按钮来选择其他测量功能档	⊛	打开或关闭背光灯，背光灯在2min后熄灭
调用 储存	保存上一次绝缘电阻或接地耦合电阻测量结果	测试	旋转开关处于INSULATION(绝缘)位置时，启动绝缘测试，使测试仪供应(输出)高电压并测量绝缘电阻
	第二功能，检索保存在内存中的测量值		旋转开关处于 Ohms (欧姆)位置时，启动电阻测试
PI/DAR 比较	给绝缘测试设定通过/失败极限	⚠	危险电压警告，表示在输入端检测到30V或更高电压(交流或直流取决于旋转开关的位置)。在 V开关位置上时，显示屏中显示 OL，batt显示在显示屏时，也会出现该指示符。绝缘测试正在进行时，⚡符号也会出现
	第二功能，按此按钮来配置测试仪进行极化指数或介电吸收比测试，按 测试 按钮开始测试		
清除 锁定	测试锁定，如在按测试按钮之前按下此 测试 按钮，则再次按下锁定或测试按钮解除锁定之前，测试将保持在活动状态	○	通过指示灯，指示绝缘电阻测量值大于所选的比较限值
	第二功能，清除所有内存内容		

图 2-3-17 按钮和指示灯

显示屏：显示屏各指示符及含义如图 2-3-18 所示。

可能在显示屏中出现的出错信息见表 2-3-1。

输入端子：如图 2-3-19 所示，分别可以进行电阻、电压和绝缘电阻的测量，COM 表示接地。

指示符	说明
锁定	表示绝缘测试或电阻测试被锁定
- >	负号，或大于符号
⚡	危险电压警告
▬+	电池低电量，指示何时应更换电池。显示 ▬+ 符号时，背光灯按钮被禁用以延长电池寿命 ⚠⚠ 警告 为避免因读数出错导致触电或人身伤害，显示电池低电量指示符时，应尽快更换电池

指示符	说明
PI DAR	极化指数或介电吸收比测试被选中
∅ 零	导线零电阻功能启用
VAC,VDC,Ω, kΩ,MΩ,GΩ	测量单位
8888	主显示
测试	绝缘测试指示符，施加绝缘测试电压时，该符号显示
V_DC	伏特 (V)
1888	辅显示
比较	表示所选的通过/失败比较值
18 储存号	储存位置

图 2-3-18　显示屏各指示符含义

表 2-3-1　显示屏中出现的出错信息

信息	说　明
bɜtt	出现在主显示位置，表示电池电量过低，不足以可靠运行。更换电池之前测试仪不能使用。主显示位置出现 bɜtt 符号时，▬+ 也会显示
>	表示超出量程范围的值
CAL Err	校准数据无效。请校准测试仪

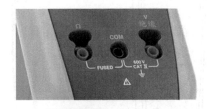

图 2-3-19　输入端子

开机通电选项：测试仪开机时，同时按住一个按键将激活开机通电选项。开机通电选项可激活测试仪的附加特点和功能。要选择开机通电选项，在将测试仪从 OFF（关闭）位置转至任何开关位置时，同时按住所指示的适当按钮。将测试仪转至 OFF（关闭）位置时，开机通电选项被取消。开机通电选项如图 2-3-20 所示。

按钮	说明
▭	▬+ V开关位置打开所有LCD条形段 零Ω开关位置显示软件的版本号 1000 V开关位置显示测试仪型号
清除 锁定	启动Calibration (校准)模式。释放按钮时，测试仪显示 CAL 并进入Calibration (校准)模式

图 2-3-20　A5 开机通电选项

（2）Fluke1508 绝缘检测仪的使用

将测试导线与电路或设备连接时，连接带电导线前先连接公共（COM）测试导线。拆下测试导线时，要先断开带电的测试导线，再断开公共测试导线。

为避免触电导致的人身伤害，或损坏测试仪，测试前应断开电路电源并将所有高压电容器放电。

1）电压测量：测试仪支持交流、直流电压的测量。将转换开关转至电压测试位置，测试表笔插入电压 / 绝缘测试端子和公用端子（无需按下测试按钮），如图 2-3-21 所示。

2）电阻测量：测量连接如图 2-3-22 所示，具体测量流程如下：

✓ 将测试探头插入 Ω 和 COM（公共）输入端子。

✓ 将旋转开关转至零Ω 档位置。

✓ 将探头的端部短接并按住蓝色按钮，待显示屏出现短划线符号。测试仪测量探头的电阻，将读数保存在内存中，并将其从读数中减去。测试仪在关闭状态时，仍会保存探头的电阻读数。如果探头电阻大于 2Ω，则不会被保存。

✓ 将探头与待测电路连接。测试仪会自动检测电路是否通电。

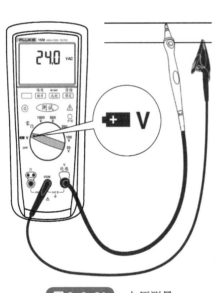

图 2-3-21　电压测量

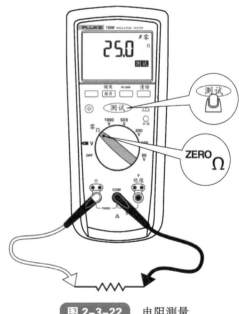

图 2-3-22　电阻测量

电阻测试只能在不通电的电路上进行。测试之前，先检查熔断器，具体见本章节后面的"测试熔断器"部分。如在测试状态下连接通电电路，则会烧坏熔断器。

与测试电路并联连接的其他工作电路的阻抗或瞬态电流，对测量会带来负面影响。

- 主显示位置显示——按 测试 按钮时，将获得一个有效的电阻读数。

- 如果电路中的电压超过 2V（交流或直流），在主显示位置显示电压超过 2V 以上警告的同时，还会显示高压符号（⚡）。在这种情况下，测试被禁止。在继续操作之前，先断开测试仪的连接并关闭电源。

- 如果在按下 测试 按钮时，测试仪发出"哔"声，则测试将由于探头上存在电压而被禁止。

✓ 按住 测试 按钮开始测试。显示屏的下端位置将出现 测试 图标，直到释放 测试 按钮。主显示位置显示电阻读数，直到开始新的测试或选择了不同功能或量程。

✓ 电阻超过最大显示量程时，测试仪显示 > 符号及当前量程的最大电阻。

3）绝缘测量：绝缘测试只能在不通电的电路上进行。要测量绝缘电阻，请按图 2-3-23 所示方法设定测试仪并遵照下列步骤操作：

✓ 将测试探头插入 V 和 COM（公共）输入端子。

✓ 将旋转开关转至所需的测试电压。

✓ 将探头与待测电路连接。测试仪会自动检测电路是否通电。

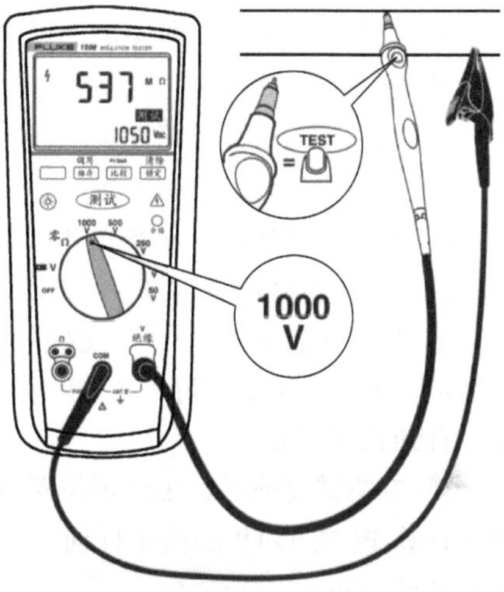

图 2-3-23　绝缘测量

- 主显示位置显示——按 测试 按钮时，将获得一个有效的绝缘电阻读数。

- 如果电路中的电压超过 30V（交流或直流），则在主显示位置显示电压超过 30 V 以上警告的同时，还会显示高压符号（⚡）。在这种情况下，测试被禁止。在继续操作之前，先断开测试仪的连接并关闭电源。

✓ 按住 测试 按钮开始测试。辅显示位置上显示被测电路上所施加的测试电压。主显示位置上显示高压符号（⚡）并以 MΩ 或 GΩ 为单位显示电阻。显示屏的下端出现 测试 图标，直到释放 测试 按钮。

✓ 电阻超过最大显示量程时，测试仪显示 > 符号及当前量程的最大电阻。

✓ 继续将探头留在测试点上，然后释放 测试 按钮。被测电路开始通过测试仪放电。主显示位置显示电阻读数，直到开始新测试或选择了不同功能或量程，或检测到 30V 以上电压。

4）极化指数和介电吸收比测量：极化指数（PI）是测量开始 10min 后的绝缘电阻与 1min 后的绝缘电阻之间的比率。介电吸收比（DAR）是测量开始 1min 后的绝缘电阻与 30s 后的绝缘电阻之间的比率。绝缘测试只能在不通电的电路上进行。测量极化指数或介电吸收比的方法如图 2-3-24 所示，遵照下列步骤操作：

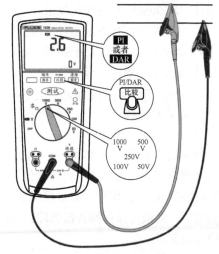

图 2-3-24　极化指数和介电吸收比测量

✓ 将测试探头插入 V 和 COM（公共）输入端子。

考虑到极化指数（PI）和介电吸收比（DAR）测试所需的时间，建议使用测试鳄鱼夹。

✓ 将旋转开关转至所需的测试电压位置。

✓ 按 ⬜ P/DAR 按钮选择极化指数或介电吸收比。

✓ 将探头与待测电路连接。测试仪会自动检测电路是否通电。

● 主显示位置显示——按 测试 按钮时，将获得一个有效的绝缘电阻读数。

● 如果电路中的电压超过 30V（交流或直流），则在主显示位置显示电压超过 30V 以上警告的同时，还会显示高压符号（⚡）。在这种情况下，测试被禁止。

✓ 按下然后释放 测试 按钮开始测试。辅显示位置上显示被测电路上所施加的测试电压。主显示位置上显示高压符号（⚡）并以 MΩ 或 GΩ 为单位显示电阻。显示屏的下端出现 测试 图标，直到测试结束。

✓ 在测试完成时，主显示位置显示 PI 或 DAR 值。被测电路将自动通过测试仪放电。如果用于计算 PI 或 DAR 的值中任何一个大于最大显示量程，或者 1min 值大于 5000MΩ，则主显示位置显示 Err。

✓ 当电阻超过最大显示量程时，测试仪显示 > 符号及当前量程的最大电阻。

✓ 如想在 PI 或 DAR 测试完成之前中断测试，则按住 测试 按钮片刻。释放该按钮时，被测电路将自动通过测试仪放电。

5）使用比较（Compare）功能：使用比较功能给绝缘测量设定通过 / 失败比较值。使用比较功能如图 2-3-25 所示，并遵照下列步骤操作：

✓ 按 比较 按钮选择所需要的比较值。可以从 100kΩ、200kΩ、500kΩ、1MΩ、2MΩ、5MΩ、10MΩ、20MΩ、50MΩ、100MΩ、200MΩ 及 500MΩ 中选择比较值。

✓ 依照前面所述方法运行绝缘测试。

✓ 如果测得的值大于所选的值，则"合格"，显示绿色"通过"指示灯。

✓ 按住 比较 按钮 1s 即可禁用比较功能。开始新的测试或选择一个新的比较值时，"通过"指示灯熄灭。

使用储存功能：最多可以在测试仪上保存 19 个绝缘电阻或接地耦合电阻测量值。测量值以"后存先出"的方式保存。如果保存了 19 个以上的测量值，则最先保存的将被删除，以给最新测量值留出空间。

✓ 按 调用 按钮保存最新读取的测量值。

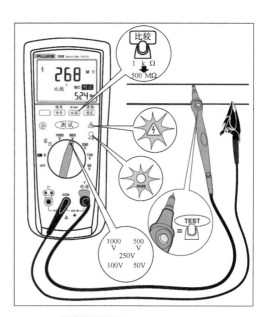

图 2-3-25　使用比较功能

✓ 按蓝色按钮，然后按 ⬚调用储存⬚ 按钮调用上一次保存的测量值。测量值将显示在主显示位置，被保存数据的序号将显示在辅显示位置。再按一次蓝色按钮和 ⬚调用储存⬚ 按钮调用上一个保存结果。可以重复本步骤直到显示的已储存数据计数为 1。下一个显示的测量值将是最新测量值。按 ⬚调用储存⬚ 按钮退出调用显示。

✓ 按蓝色按钮，然后按 ⬚清除锁定⬚ 按钮。主显示位置显示 clr。按蓝色按钮，然后再按一次 ⬚清除锁定⬚ 按钮清除所有内存位置。

定期用湿布和温和的清洁剂清洁测试仪的外壳。不要使用腐蚀剂或溶剂。端子若弄脏或潮湿可能会影响读数精度。在使用测试仪前先等待一段时间，直到测试仪干燥。

6）测试电池：测试仪会持续监测电池的电压。显示屏中出现电池低电量图标 ▇▇ 时，表示电池只剩下最短的寿命，应按下述步骤测试电池。

✓ 将旋转开关转至 ▇▇ V 位置，但不插接探头。

✓ 按蓝色按钮启动满负荷电池测试。电压功能显示消失，测得的电池电压在主显示位置上显示 2s，然后恢复电压显示。

7）测试熔断器：检查熔断器，如图 2-3-26 所示，并遵照下列步骤操作：

✓ 将旋转开关转至 ▇Ω 位置。

✓ 按住 ⬚测试⬚ 按钮。如果显示屏显示 "FUSE"，则表示熔断器已损坏，应予更换。

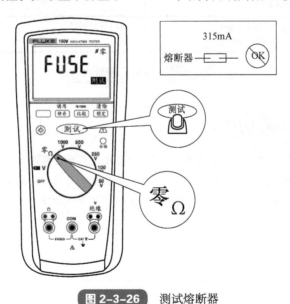

图 2-3-26　测试熔断器

危险警告

为避免触电或人员伤害，在更换熔断器前，应先取下测试导线并断开一切信号输入。

8）更换电池和熔断器：更换熔断器和电池，如图 2-3-27 所示，并遵照下列步骤操作：

✓ 用标准螺钉旋具转动电池盖锁，直到开锁符号对准箭头，然后将电池盖取下。

✓ 取出并更换电池。

✓ 将电池盖复位并转动电池盖锁，直到闭锁符号对准箭头，表示电池盖已经锁紧。

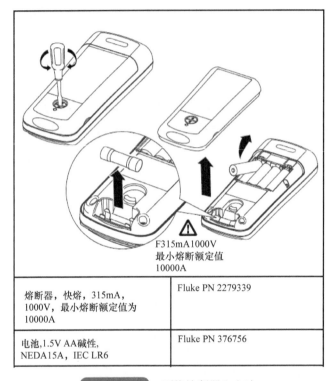

熔断器，快熔，315mA，1000V，最小熔断额定值为10000A	Fluke PN 2279339
电池,1.5V AA 碱性，NEDA15A，IEC LR6	Fluke PN 376756

图 2-3-27 更换熔断器和电池

安全提示

● 为避免错误读数导致电击或人身伤害，显示屏出现电池指示符 ▇➕ 时应尽快更换电池。

● 只能使用指定安培数、熔断额定值、电压额定值及熔断速度的熔断器。

● 把旋转开关转到 OFF（关闭）位置并从端子上把测试导线拆下。

五、学习检查

任务	1. 对现场提供的绝缘检测工具进行识别和使用； 2. 记录使用注意事项和对应功能
笔记	

项目 3

常用电子元器件特性

项目描述

本项目共 2 个学习任务，分别是：

任务 1：常用电子元器件特性。

任务 2：常用电子元器件测量。

通过 2 个任务的学习，熟悉常用电子元器件的特性，并能够进行相关测量。

　　常用电子元器件的特性理论性较强，有一定的理解难度。建议边练习测量边理解常用电子元器件的特性。因此本项目的 2 个学习任务同时进行。

任务 1　常用电子元器件特性

任务 2　常用电子元器件测量

一、任务引入

　　新能源汽车上采用了大量的电器，如空调加热器、水温传感器、电动机和继电器等。这些电器都是由电阻、线圈、电容和二极管等基础电子元器件构成的。因此，在新能源汽车的实际维修过程中，我们需要通过电路中电子元器件的特性来进行测量结果的判断。

二、任务要求

知识要求：

* 熟悉常用电子元器件的特性。

技能要求：

* 会通过电路中电子元器件的特性来进行测量结果的判断。

职业素养要求：

* 严格执行汽车检修规范，养成严谨科学的工作态度。
* 尊重他人劳动，不窃取他人成果。
* 养成总结训练结果的习惯，为下次训练积累经验。
* 养成团结协作精神。
* 严格执行 5S 现场管理。

三、相关知识

1. 可变电阻

可变电阻分为机械可变电阻（电位器）和受外界温度、压力等条件影响的电阻器，如热敏电阻、光敏电阻等。

可变电阻按设置特性进行区分，除直线和对数设置特性外，还有一系列非线性电阻，如图 3-1-1 所示。可变电阻的应用见表 3-1-1。

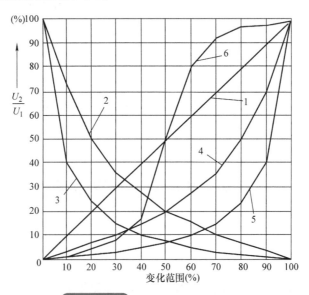

图 3-1-1 可变电阻特性曲线图

1—直线　2—负对数曲线　3—负指数曲线　4—正对数曲线　5—正指数曲线　6—S 形曲线　U_2—输出电压　U_1—输入电压

表 3-1-1　可变电阻的应用

特　　性	应用范围
直线	位置传感器
对数曲线	音量调节器
S 形曲线	空气体积流量计

电位器的阻值线形指电位器旋转角度（或行程）与作为分压器使用时输出电压的关系。电位器的阻值与滑动片接触点旋转角度之间的变化关系在理论上可以是任何函数形式，但常见电位器的阻值线性有直线型（B 型）、指数型（A 型）和对数型（C 型）。

A 型为指数型，指数型 (反转对数型) 电位器在开始转动时，阻值变化很大。而在转角越接近最大阻值一端时，阻值变化较小。指数型 (反转对数型) 电位器，阻值按旋转角以指数关系变化，普遍用在音量控制电路中，如收音机、录音机和电视机中的音量控制器。因为人的听觉对声音强弱的反应，是以指数关系变化的，若调制音量随电阻阻值指数变化，则人耳听到的声音就平稳舒适。所以这种电位器适用于音响电路中的音调控制电路。

B 型为直线型，其电阻体上的导电物质分布均匀，单位长度的阻值大致相等，电阻值的变化与电位器的旋转角度呈直线关系，多用于分压；阻值按旋转角度均匀变化，可发挥分压、单调等方面的调节作用。这是一般电位器的常用线形。

C 型为对数型，对数型电位器在开始转动时，电阻值变化较小，而在转角越接近最大阻值一端时，阻值变化较大。阻值按旋转角度以对数关系变化、这种电位器多用在仪表中，也适用于音调控制电路。其电阻体上的导电物质分布不均匀，刚开始转动时，阻值的变化很大；转动角度增大时，阻值的变化较小。阻值的变化与电位器的旋转角度成对数关系，多用于音量控制。因为人耳对音量的感觉大致与声音功率的对数呈直线关系，即声音增大时，人耳感觉很明显，但大到某一值后，即使声音功率又有了较大增加，人耳也感觉变化不大。可见对数型电位器的阻值变化规律比较符合人耳听觉的特点，因此在收音机、电视机等音量控制电路中，应选用对数型电位器。

（1）机械可变电阻

机械可变电阻的电阻值可随时改变。线绕电阻仅在汽车电气系统中使用。碳膜电阻或导电塑料电阻在汽车电子系统中使用。

电路图中机械可变电阻的符号如图 3-1-2 所示。

电子元件
特性及作用

图 3-1-2　机械可变电阻电路符号

机械可变电阻可用于长度测量。机械可变电阻活动触头与待测长度有关。测量机械可变电阻的电压降。通过机械可变电阻的电压变化可以测量长度变化。

机械可变电阻也可以作为角度传感器使用。在这种情况下，旋转角度与机械可变电阻的电压降之间具有一种固定的关系。

在汽车中的应用：

- 燃油油位传感器。

（2）热敏电阻

热敏电阻是汽车中应用最广泛的一种可变电阻。

负温度系数热敏电阻（NTC）是电阻值随温度升高而减小的半导体电阻。

NTC 最重要的特征值是电阻 R20，表示 20℃时的电阻值，即处于冷态的 NTC。

电路图中 NTC 的符号如图 3-1-3 所示，两个反向箭头表示 NTC 的阻值与温度成反比。

图 3-1-3　NTC 电路符号

图 3-1-4 展示了 NTC 随温度变化的电阻曲线：温度越高→阻值越低，温度越低→阻值越高。

NTC 在汽车中的应用：

- 冷却液温度传感器。
- 机油温度传感器。

正温度系数热敏电阻（PTC）是电阻值随温度升高而增大的半导体电阻。

图 3-1-5 展示了 PTC 随温度变化的电阻曲线。

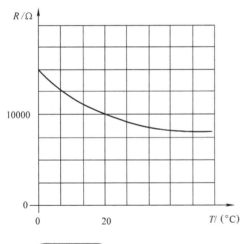

图 3-1-4　NTC 电阻值曲线图

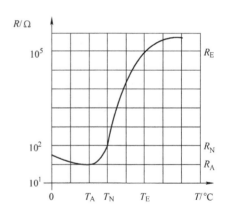

图 3-1-5　PTC 电阻值曲线图

由图 3-1-5 可知，达到初始温度 T_A 时 PTC 的电阻值开始增大，此时为初始电阻 R_A。直至标称温度 T_N 时，电阻值都以非线性形式增长。自标称电阻 R_N 起，电阻值显著增大。PTC 工作范围扩大，直至达到最终温度 T_E。

电路图中 PTC 的符号如图 3-1-6 所示。

图 3-1-6　PTC 电路符号

PTC 在汽车中的应用：

- 车外后视镜加热器。
- 座椅加热器。
- 后风窗玻璃加热器。
- 氧传感器加热元件。

2. 电容器

电容器是一个能够存储电荷或电能的元件。最简单的电容器由两个对置的金属板和金属板间的绝缘体组成，如图 3-1-7 所示。

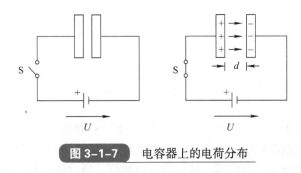

图 3-1-7　电容器上的电荷分布

电容器在车辆上作为短时电荷存储器使用，用于电压滤波和减小过压峰值。

通过高通滤波器分开 DC 电压和 AC 电压，输入端电压 U_1 是一种混合电压或波动电压。

高通滤波器由一个带有叠加 AC 电压的 DC 电压电路构成（图 3-1-8）。充电后，电容器发挥直流断续器的作用。只有 AC 电压组件可促使电容器反复进行电荷交换。在此过程中，通过的电流会在电阻器 R 上产生 AC 电压。

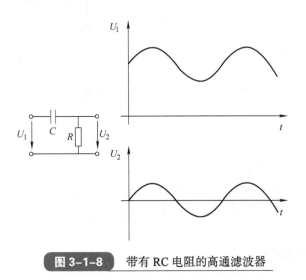

图 3-1-8　带有 RC 电阻的高通滤波器

这种电路用在带有晶体管的放大器系统内，用于从混合电压中过滤出 AC 电压。

通过带 RC 组件的低通滤波器对仅由正值半正弦波构成的 AC 电压进行平滑处理，以降低电压波动（交流声部分），如图 3-1-9 所示。输出电压已非常接近恒定 DC 电压。输出电压平滑处理程度取决于电容 C 和电路中通过的负载电流。

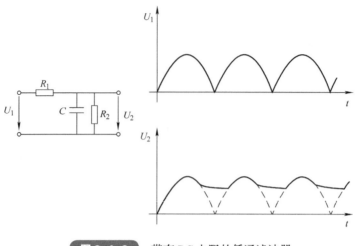

图 3-1-9 带有 RC 电阻的低通滤波器

这种电路在车辆电子系统中用于降低控制单元内的 DC 供电电源波动，并过滤掉干扰电压。

车内照明灯关闭延迟电路中，电容器 C 与继电器的线圈并联在一起，如图 3-1-10 所示。因此，释放开关后仍有电流通过继电器，从而通过照明灯。通过继电器的励磁线圈使电容器放电后，继电器会关闭照明灯电路，照明灯电流在开关释放后延迟一小段时间才中断。

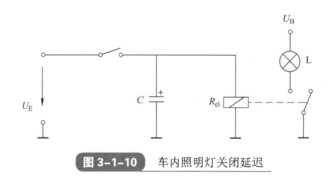

图 3-1-10 车内照明灯关闭延迟

3. 线圈和电感

电子电气系统中的线圈有多种用途，例如点火线圈，或继电器和电动机线圈。

在车辆电子系统中，线圈用于感应式传感器，例如曲轴和凸轮轴传感器。

线圈也可以用于输送能量（变压器）或进行过滤（例如分频器）。在继电器内利用线圈的磁力切换触点开关。

线圈按照以下原理工作：

- 电磁学原理。
- 电磁感应原理。

（1）电磁学原理

1）导体的磁场。在每个载流导体周围都有一个磁场。磁力线的形状为闭合圆圈。

载流导体周围磁力线的方向可通过螺旋定则确定。将一个右旋螺纹螺栓沿电流方向（技术方向）拧入一个导体内，则其旋转方向就是磁力线方向，如图 3-1-11 所示。流入导体内的电流用符号 ⊗ 表示，流出导体的电流用⊙表示。

图 3-1-11　某载流导体的磁场

2）线圈。基本线圈指缠绕在一个固体上的导线，但不一定要有固体。它主要用于固定较细的导线。

将电导体缠绕成一个线圈时，线圈内部就会形成磁力线。磁力线平行分布且各处密度相同，这种磁场称为均匀磁场。磁力线离开的地方为北极（N），进入的地方为南极（S），见图 3-1-12。

线圈最重要的物理特性是电感，一个线圈的磁场强度取决于：

· 绕组数量 n。
· 电流强度 I。
· 线圈结构。

电感是线圈将电能转化为磁能的能力。电感的符号是 L，计量单位是 H（亨利）。如图 3-1-13 所示。实际使用的线圈电感值低于 1H，例如 1mH。

线圈的电路符号

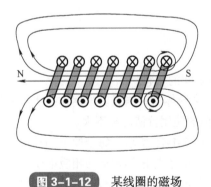

图 3-1-12　某线圈的磁场

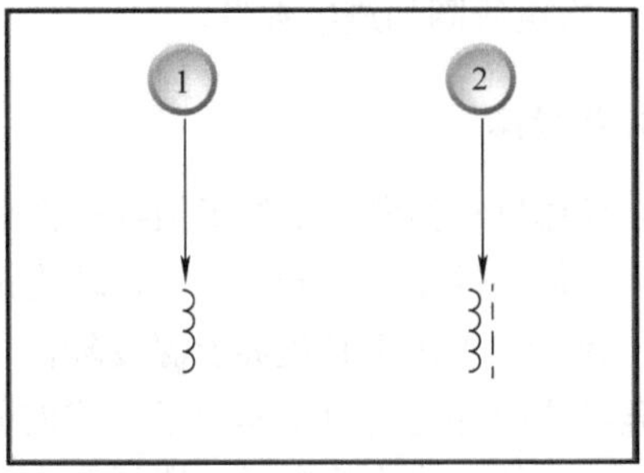

图 3-1-13　线圈的电路符号
1—没有铁心的线圈　2—有铁心的线圈

除电感外，线圈还具有其他（通常是不希望出现的）特性，例如电阻或电容。

在线圈中放入铁心可使磁场强度增大。铁心不是电路的一部分。带有铁心的线圈称为"电磁铁"。只有电流 I 经过线圈时，软磁铁心才保持磁性。

在车辆应用中，该原理用于继电器、电磁阀等元器件。

（2）电磁感应现象

电导体或线圈在磁场中移动时，导体或线圈内会产生电压。磁场强度改变时，导体或线圈内也会产生电压。该过程称为电磁感应，产生的电压称为感应电压，如图 3-1-14 所示。

感应电压的大小取决于：

- 磁场强度。
- 电导体或线圈在磁场中的移动速度。
- 线圈的圈数。

在车辆中，该原理用于电磁感应式传感器，例如点火线圈和发电机等。

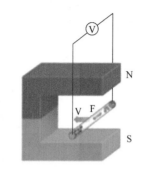

图 3-1-14 某导体内电压的电磁感应现象

1）自感应电压。不断变化的电流经过线圈时，线圈周围会产生不断变化的磁场。电流每变化一次，线圈内都会产生自感应电压。产生该电压的目的在于抵消电流变化。

电感对磁场变化（建立和消失）的反作用与物理学中的惯性原理相似。例如赛车加速时，其惯性会克服加速效果。而制动时，由于惯性作用，赛车需要一段时间才能完全静止。

自感应电压越来越大的条件是：

- 电感 L 越来越大。
- 电流变化越来越大。
- 电流变化时间越来越短。

2）点火线圈。点火线圈的任务是将蓄电池电压转化成所需的点火电压。在此过程中，点火能量（通过初级线圈的电流）以磁能形式临时存储在点火线圈的铁心内。初级线圈电流切断后，磁场减弱并在次级线圈内产生约 30 kV 的高电压。

感应电压取决于：

- 磁场强度。
- 磁场变化速度。
- 次级线圈的绕组数量。

4. 半导体

半导体材料指电导率处于强导电性金属与绝缘体之间的材料。

半导体元件主要由硅（Si）和砷化镓（GaAs）等半导体材料制成。早期作为生产晶体管原材料的锗（Ge）由于其边界层温度较低（75℃），当前的使用价值已经不大。

硅晶体内部是由单个硅原子构成的固态结构，如图 3-1-15 所示。每个原子的外部电子壳内都有四个电子，称为价电子。原子各方向上都有一个价电子与相邻元素的相应电子相连，与其形成稳定的电子化合物。每个原子都以这种方式同相邻电子形成四个稳定的电子化合物。

因此，纯硅在固态形式下形成晶格，其电阻较高，是一种不良导体。为有目的地影响或控制半导体的电导率，通过加入更高或更低化合价的杂质可提高纯硅晶体的电导率。硅晶格结合外部原子的过程称为"掺杂"。

在室温条件下半导体的导电性很低。半导体受到热、光、电压形式的能量或磁能影响时，电导率就会发生变化。

半导体对压力、温度和光线很敏感，因此也是理想的传感器材料。

1）N 掺杂如图 3-1-16 所示。将一个五价元素（例如磷）作为杂质加入一个硅晶体内时，磷原子可以顺利地加入硅晶格结构内。

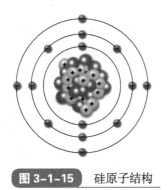

图 3-1-15　硅原子结构

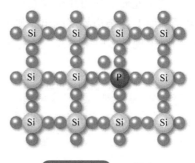

图 3-1-16　N 掺杂

虽然磷原子有五个价电子，但其中只有四个电子能与相邻的硅原子形成稳定的电子对连接，即还剩一个自由电子。因此，加入到硅晶体内的磷原子因剩余一个自由电子而形成晶体缺陷。以这种方式掺杂形成的晶体为 N 半导体。在实际应用中，通常在每一百万个硅原子中加入一个磷原子形成这种结构，即向硅元素中添加磷杂质非常困难。

2）P 掺杂如图 3-1-17 所示。P 掺杂指向一个硅晶体内加入一个三价元素（例如硼）的杂质。一个硼原子的最外侧电子轨道上有三个电子，但需要四个电子与其四个相邻元素形成稳定的电子对连接。在缺少一个电子的部位留下一个"洞"。掺杂后带有这种电子空穴的晶体称为 P 半导体。电子空穴很容易再次吸收电子，以便重新达到中性状态。

3）PN 结。通过采用不同的掺杂方式，形成两种不同的半导体。将 P 导电材料和 N 导电材料结合在一起时，两种材料之间会形成一个边界层，称为 PN 结，如图 3-1-18 所示。在环境热量的影响下，两个区域边界层上的电子由 N 半导体移入 P 半导体，并填补那里的电子空穴，同时在 N 半导体内留下电子空穴。这样就在 P 与 N 半导体之间的边界处形成了一个空间电荷区。

当电场足以克服热振动施加的作用力时，电子转移结束。温度越高，空间电荷区越大，电场越强。在空间电荷之间会产生电压。20℃时，硅元素的空间电荷电压大约为 0.6~0.8V。

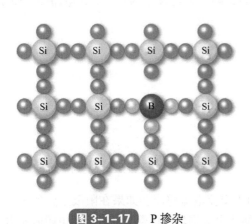

图 3-1-17　P 掺杂

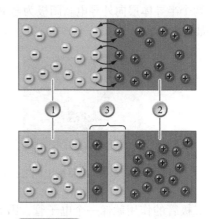

图 3-1-18　PN 结（无外部电压）

4）有外部电压时的 PN 结（二极管）。如果电压电源正极连接在 N 半导体上，负极连接在 P 半导体上，则 N 掺杂半导体中多余的电子就会通过电源进入 P 掺杂半导体的电子空穴内。这样边界层就会扩大，且没有电流经过硅晶体，如图 3-1-19 所示。

相反，如果左侧连接电压电源负极，右侧连接正极，那么 N 掺杂边界层就会从电压电源获得大量电子，而 P 掺杂边界层的电子则被吸收，从而在 N 掺杂边界层内出现更多剩余电子，右侧区域内则会出现更多电子空穴。这样绝缘层就会完全消失并有电流流过，如图 3-1-20 所示。

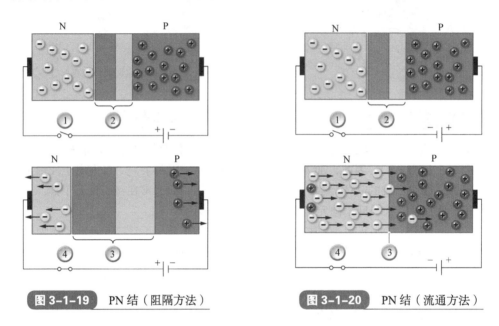

图 3-1-19　PN 结（阻隔方法）　　　图 3-1-20　PN 结（流通方法）

即 PN 结作为整流器（二极管）允许电流朝一个方向流动，并阻止其向另一个方向流动。

5. 二极管

通过 P 半导体和 N 半导体结合形成的元件称为半导体二极管，简称二极管，如图 3-1-21 所示。半导体晶体的塑料或金属壳体用于防止机械损坏。

两个半导体层向外导电。阳极为至 P 层的触点，阴极为至 N 层的触点。在电路图中使用的符号如图 3-1-22。

图 3-1-21　电路板上的二极管　　　图 3-1-22　二极管的电路符号

二极管的作用就像一个电子管，因此可以用于交流电流整流。如果在阳极上施加正电压，阳极就会切换到流通方向，电流流过二极管。为防止电流损坏二极管，通过负载电阻限制电流。如果在阳极上施加负电压，则会使其切换到阻隔方向，没有电流经过二极管。

阻隔方向上的电压过高时可能导致二极管损坏。

为区分二极管的两个接头，"N 侧"通过一个圆圈或一个点标记出来。

（1）普通二极管

在车辆上，二极管既可以作为独立元件使用，也可以在控制单元中的集成电路中使用。

如图 3-1-23 所示，从反向的特性曲线看出实际上没有电流（几个微安）流过。反向电流随温度的增加而增大。反方向的电压称为反向电压，简称 U_R。它的电压范围在几百伏到几千伏，不得超出最高反向电压，否则二极管将呈导通状态，流过的电流会导致二极管损坏。

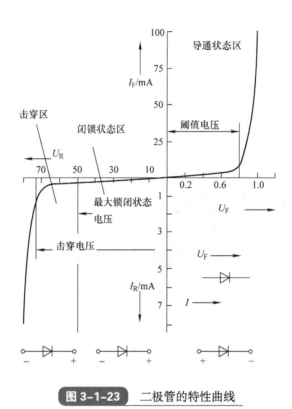

图 3-1-23　二极管的特性曲线

1）作为整流器的二极管。半导体二极管可以让电流朝一个方向流动，而在另一个方向则阻碍电流的流动，起到电流阀门的作用。因此半导体二极管是一种用于交流电整流的有效元件。

2）半波整流电路。半波整流电路允许交流电压的正半波通过，阻止交流电压的负半波，如图 3-1-24 所示。

电容器按照指数电压级数（U_L）放电。

3）全波桥式整流器电路。全波桥式整流电路将负正弦半波转换成正曲线（U_2），电容器的放电形成了锯齿形电压曲线（U_L），如图 3-1-25 所示。

4）三相桥式整流电路。三相桥式整流电路将电压曲线（U_2）移动 120°，形成一种实际上是恒定的正弦电压（U_L），如图 3-1-26 和图 3-1-27 所示。

发电机（交流发电机）采用三相桥式整流电路，其组成见表 3-1-2，电路图如图 3-1-28 所示。用铅蓄电池而不是电容来进行平滑处理，这样可产生低纹波的直流电压。

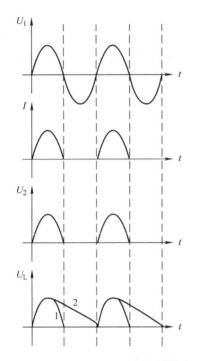

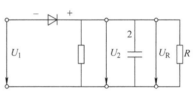

图 3-1-24　半波整流电路

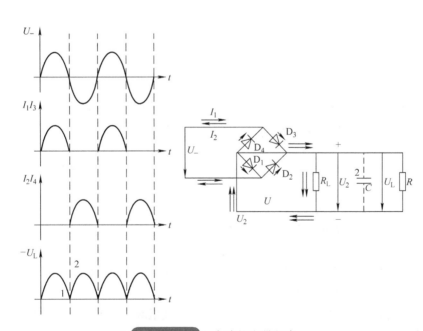

图 3-1-25　全波整流器电路

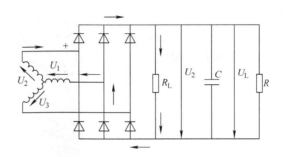

图 3-1-26　三相桥式整流电路

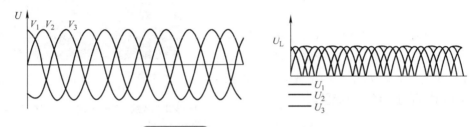

图 3-1-27　三相桥式整流电路波形

表 3-1-2　交流发电机三相桥式整流电路组成

索　引	说　明
U_1	相位 1
U_2	相位 2
U_3	相位 3
A	稳压器

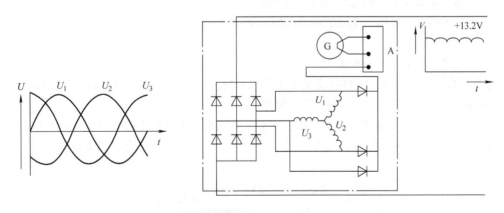

图 3-1-28　发电机整流电路

　　稳压器通过激励绕组（G）改变电流，进而改变激励所需的磁场，其结果是交流发电机产生不随负载和发动机转速变化的恒定电压。

（2）发光二极管（LED）

与其他二极管一样，发光二极管（LED）也由两个半导体层（一个 P 层和一个 N 层）组成。但通常用砷化镓取代硅作为半导体的原材料。其结构如图 3-1-29 所示。

LED 的颜色（绿色、黄色、红色、蓝色等）、尺寸和结构形式有许多种。LED 的颜色取决于所用材料。

LED 的电路符号如图 3-1-30 所示。

LED 必须始终与一个电阻串联在一起，以限制经过发光二极管的电流。

如图 3-1-31 所示，一个 LED 的 N 层掺杂较多时，P 层的掺杂只能较少。这样二极管接入流通方向时，电流几乎只通过电子运载。P 层内出现空穴与电子结合（复合）的情况时，释放出能量。

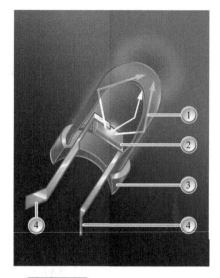

图 3-1-29 发光二极管的结构

1—发出的光线　2—PN 结　3—塑料壳　4—引脚

图 3-1-30 发光二极管的电路符号

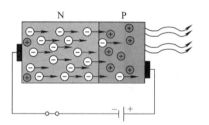

图 3-1-31 发光二极管的 PN 结

LED 灯相对于白炽灯泡的优势在于：

- 使用寿命很长（大约是白炽灯泡的 100 倍）。
- 不会突然发生故障，光强度随着时间减弱。
- 响应时间更快。
- 抵抗机械作用的能力较强。

与以前的信号灯相似，LED 在车辆上用作指示灯，如图 3-1-32 所示。其特点是耗电量低且使用寿命长。LED 的开发方向是用于尾灯和部分前灯。

LED 的阈值电压 U_F 在实际应用中非常重要，其典型的电流值 $I_F=20\text{mA}$，见表 3-1-3。

计算示例：以红色 LED 作为 12V 工作信号指示灯时，选用什么规格的串联电阻？

答：

$$R_V = \frac{U_B - U_F}{I} = \frac{12\text{V} - 1.6\text{V}}{20\text{mA}} = 0.52\text{k}\Omega$$

选择比计算数值大一个规格的 560Ω 电阻。

制造商规定了 LED 的最大反向电压 $U_{Rmax}=5\text{V}$。电压大于 U_{Rmax} 时，如果 LED 的极性连接错误，则其可能受到不可恢复的损坏或毁坏。因此安装前必须使用万用表来检查极性。

图 3-1-32　LED（发光二极管）的应用

表 3-1-3　LED 的阈值电压

LED	阈值电压 U_F/V
红外（IR）	约 1.4
红光	约 1.6～1.8
橙光	约 2.0
黄光	约 2.2
绿光	约 2.4
蓝光	约 3
白光	约 3～4.5

（3）稳压二极管

稳压二极管接入阻隔方向，如图 3-1-33 所示。如果在阻隔方向上超过特定的电压 U_Z，电流 I_Z 就会明显升高，二极管即可导通。通过提高掺杂物质可使阻隔层变得很薄，因此电压为 1~200V 时就会被击穿。为了在出现击穿电压时使电流迅速升高，确保不损坏二极管，必须通过一个相应的电阻限制电流。

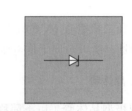

图 3-1-33　稳压二极管的电路符号

稳压二极管在车辆电子系统中用于稳压和限制电压峰值。

（4）二极管在车辆上的应用

图 3-1-34 是一个稳压二极管电路，它能够在输入电压在 12~15V 之间摆动时，使输出电压稳定在 5.1V。

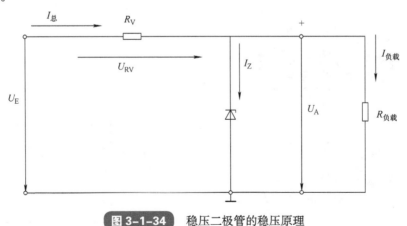

图 3-1-34　稳压二极管的稳压原理

图 3-1-34 所示的电路表示稳压二极管工作于反向（反向偏置）区，串联电阻 R_V 起限流作用。

只要输入电压达不到 Z 电压（U_Z = 5.1V），就没有电流流过。如果输入电压 U_E 增加到 12~15V，稳压二极管开始导通。在输出处输出恒定的 5.1V 电压，其余的电压降在串联电阻 R_V 上。输出电压 $U_A = U_Z$ 永远保持不变，因为随着 U_E 的增加，电流 I_Z 也增加，因此增加了在 R_V 上的电压降。另一方面，如果输入电压 U_E 降低，则 I_Z 也降低，因此降低了在 R_V 上的电压降。但是，此电路只能稳定比输入电压 U_E 低的电压。

切换电流时，由于线路电感会干扰电压峰值，即短时出现高电压，必须滤掉这些电压峰值，如图 3-1-35 所示。在控制单元中可能会对峰值电压进一步处理，峰值电压也可能造成元件损坏。

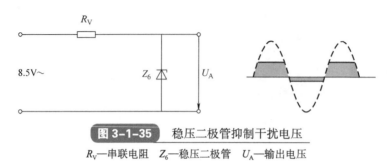

图 3-1-35 稳压二极管抑制干扰电压

R_V—串联电阻　Z_6—稳压二极管　U_A—输出电压

稳压二极管在 6V 的击穿电压处限制正向电压峰值。因为稳压二极管正向偏置，即在流动方向导通，所以负向干扰电压被限制在 0.7V。

6. 晶体管

双极型晶体管（以下简称晶体管）是电子电路中使用最广泛的一种半导体元件，它是由三个半导体层组成的电子元件。根据半导体层的分布方式分为 PNP 晶体管和 NPN 晶体管，如图 3-1-36 和图 3-1-37 所示。这三个半导体层及其接头称为发射极（E）、基极（B）和集电极（C）。电荷载体从发射极移动到基极（发射出去）并由集电极吸收。因此晶体管有两个 PN 结，一个位于发射极与基极之间，另一个位于集电极与基极之间。

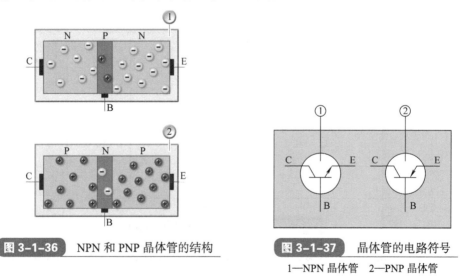

图 3-1-36 NPN 和 PNP 晶体管的结构

图 3-1-37 晶体管的电路符号

1—NPN 晶体管　2—PNP 晶体管

下面以一个 NPN 晶体管为例介绍晶体管的工作原理。PNP 晶体管的工作原理相同，但电流流动方向相反。图 3-1-38 展现了一个晶体管及其三个接头（发射极、基极和集电极）的工作原理。

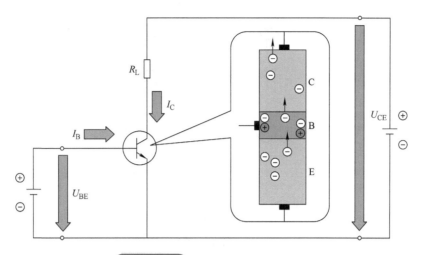

图 3-1-38 NPN 晶体管工作原理

发射极内有很多电子。基极内只有少量空穴（缺陷处）。在正电压 U_{BE} 的作用下，负电荷电子进入基极层，电子在那里与空穴结合。基极至发射极电压电源重新以很小的电流形式提供正电荷空穴。在集电极与发射极之间施加一个很小的电压时，基极空间内的剩余电子就会受到正集电极电压的影响。集电极至基极的阻隔层消失，集电极电流 I_C 流过。

晶体管放大作用的基础是，以基极空间内很少的电荷载体，即很小的基极电流，即可控制很大的集电极电流。基极至发射极电压较小时，只有部分发射极内的电子进入基极空间，因此流过集电极的电流较小。通过改变基极电流 I_B 可控制集电极电流 I_C。图 3-1-38 所示的基极至发射极组在实际应用中被一个分压器取代。

在车辆电子系统中的用电器通过机械和电子开关打开或关闭，晶体管适合接通较小的电流。机械开关已由晶体管取代，因为晶体管响应速度快、没有噪声且不会造成机械磨损。

晶体管上未施加基极电压时，没有基极电流流过，这意味着没有集电极电流流过。晶体管上施加正基极电压时，有基极电流和集电极电流流过。

四、任务实施

1. 任务准备

安全防护：注意 220V 家用电压保护。

工具设备：电气箱（行云新能 INW-DQX）、冷却液温度传感器元件、氧传感器元件、插线板、手持式数字万用表、电路基础元件展示柜（行云新能 INW-DZG）。

台架车辆：混合动力或内燃机车辆。

辅助资料：电气箱（行云新能 INW-DQX）使用说明书、连接导线、教材。

2. 实施步骤

1）请利用电气箱（行云新能 INW-DQX）连接以下电路，并在完成测量后填空。

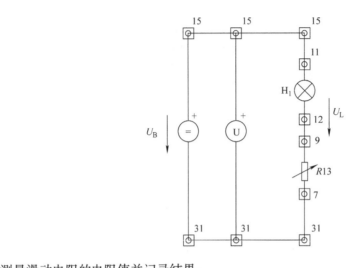

测量滑动电阻的电阻值并记录结果：

最左侧时电阻值_____Ω；最右侧时电阻值_____Ω。

测量 U_L，滑动电阻从最左侧调节到最右侧时，流过负载的电流 I_L 和灯泡 H_1 亮度的变化。

U_L = _____V；I_L 的变化为 _____A；此时灯泡的亮度_____。

结论：

2）测量电路基础元件展示柜（行云新能 INW-DZG）中的 NTC 热敏电阻或冷却液温度传感器，并填空。

状态（大致温度）	传感器电阻值/Ω
10~20℃	
20~30℃	

思考：控制系统如何判断传感器线路发生断路或短路故障？如果线路中出现接触电阻，系统能否发现？

3）测量电路基础元件展示柜（行云新能 INW-DZG）中 PTC 热敏电阻或氧传感器加热器，并填空。

测量状态	测量值/Ω
不加热	
加热后	

结论：

4）按照以下电路图连接线路，并在完成测量后填空。

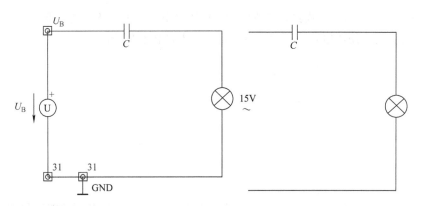

使用 15 号线供电，用灯泡 H_2 以及电容 C_1 搭建电路，观察灯泡的状态：_____；
然后将 15 号线、31 号线改到交流 15V，观察灯泡的状态：_____。
结论：

应用：

将小电容换成大电容（低频电容 =10000μF），连接交流电，观察灯泡状态：_____。
结论：

应用：

将小电容换成大电容（低频电容 =10000μF），连接直流电，观察灯泡状态：_____。
结论：

应用：

将电路接通一段时间后，先断开电容，再断开直流电开关，然后连接电容，观察灯泡状态：_____。
结论：

应用：

5）按照以下电路图连接线路。U_E 使用 15 号线供电，用开关 S_9、继电器 K_1、灯泡 H_2 及电容 C_1 搭建电路，观察使用电容和不使用电容对继电器动作有何影响。

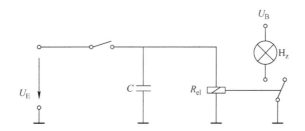

思考：如果多加一个电容 C_2，如何连接可以增加延时？快速通断开关能否起到延时作用？

6）按照以下电路图搭建电路，使用电动机 M_1 带动直流电动机 G_1 作为发电机使用。

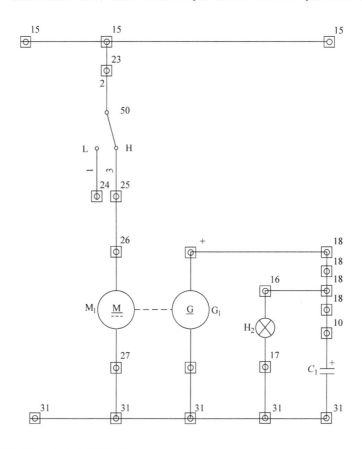

测量 H_1 两端电压，确认电压类型：

电压 = _____ V；电压类型为 _____。

讲师使用示波器测量 G_1 电压波形，然后断开电容 C_1，学生观察电压波形，说明波形有什么不同。

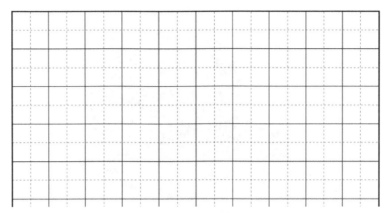

思考：断开负载（灯泡），测量 G_1 电压，电压值有何变化？为什么会发生变化？

7）将步骤4中的电容改为线圈，连接电路观察灯泡状态。

连接直流电源时带线圈（一个阻值大如继电器、一个阻值小如压力变换阀或点火线圈初级）电路，观察灯泡状态：＿＿＿＿＿＿。

连接交流电源时带线圈（一个阻值大如继电器、一个阻值小如压力变换阀或点火线圈初级）电路，观察灯泡状态：＿＿＿＿＿＿。

结论：

应用：

8）说明单触点继电器各端子定义与作用？如何进行测试？

说明继电器线圈并联电阻的作用。并联二极管（实验箱继电器）的作用是什么？

9）使用开关 S_9、继电器 K_1、灯泡 H_1 与 H_2 搭建一个模拟远近光控制电路。要求两个灯泡交替点亮。先画出电路图，然后根据电路图搭建模拟电路。

10）根据起动机相关知识，回答下列问题，并完成相关信号的测量。
起动机由哪几部分组成？简要说明其元件作用并填表。

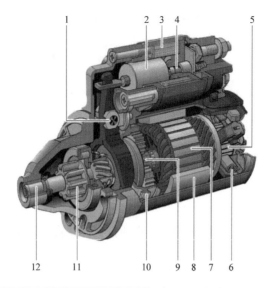

序号	名称	作用	序号	名称	作用
1	啮合拨叉轴		7		
2	继电器电枢		8		
3	继电器线圈		9	行星齿轮箱	
4	继电器弹簧		10	带有减振装置的烧结齿圈	
5			11		
6			12	传动机构轴承	

啮合过程包括小齿轮的两部分运动：

简述起动机的控制过程：

思考：如果一组（正极和负极）电刷断路，能不能靠另一组起动？

起动机电刷为何不直接连到 30 号线，还要连 C 接线柱？

如果控制信号正常，则起动机不工作的可能原因是什么？

起动机测量（起动机损坏后一般直接更换，不维修）与判断：

① 定子检查

a. 检查磁场绕组：_____Ω；是否断路：_____。

检查磁场绕组（正极）与外壳之间的绝缘检查：_____Ω；是否绝缘：_____。

b. 使用吸铁石测试永久磁铁有无磁性：_____。

② 转子检查

a. 换向片之间：_____Ω；是否断路：_____。

b. 换向器与电枢轴之间：_____Ω；是否绝缘：_____。

③ 电刷、电刷架及电刷弹簧的检查

a. 绝缘（正极）电刷的检查（两两之间、与电刷架之间）：_____Ω；是否断路 / 短路：_____。

b. 搭铁电刷的检查（两两之间、与电刷架之间）：_____Ω；是否断路 / 短路：_____。

c. 电刷弹簧的检查：_____。

④ 传动机构检查

单向离合器检查：_____。

⑤ 电磁开关的检修

a. 活动铁心的检查：_____。

b. 吸引线圈的检查（用万用表连接端子 50 和端子 C）：_____。

c. 保持线圈的检查（用万用表连接端子 50 和搭铁）_____。

d. 电磁开关触点的检查（端子 50 通电后，用万用表连接端子 30 和端子 C）：_____。

⑥ 将万用表调到"二极管"档并测量二极管 D_8。

万用表红表笔连接正极，且万用表黑表笔连接负极，万用表显示_____；

万用表红表笔连接负极，且万用表黑表笔连接正极，万用表显示_____。

尝试用欧姆档测试二极管：

万用表红表笔连接正极，且万用表黑表笔连接负极，万用表显示_____；

万用表红表笔连接负极，且万用表黑表笔连接正极，万用表显示_____。

尝试按照上述方法测量稳压二极管 D_{10} 和发光二极管 D_{11}、D_{12}，结果如何？

思考：使用万用表是否可以测量发光二极管？

11）按下图所示连接测量电路：

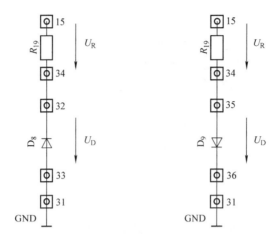

二极管	U_R / V	U_D / V
D_8		
D_9		

结论：

流过二极管的电流取决于电路中的哪些组件？

注意：如果二极管导通，则意味着电阻或电气负载始终与二极管串联。

12）使用二极管、9V 交流电源和灯泡 H_1 组成一个半波整流电路，并画出电路图。

讲师使用示波器测量半波整流电路灯泡 H_1 的波形，并与 9V 交流电源进行对比。

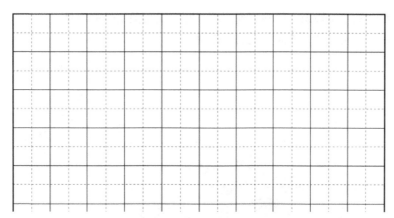

学员观察灯泡 H_1 的亮度与直接使用 9V 交流电源有何不同?

结论：

13）使用四个二极管、9V 交流电源和灯泡 H_1 组成一个单相全波桥式整流线路，并画出电路图。

讲师使用示波器测量半波整流电路灯泡 H_1 的波形，并与 9V 交流电源进行对比。

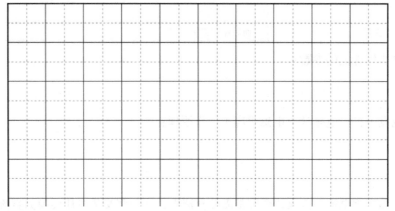

学员观察灯泡 H_1 的亮度与直接使用 9V 交流电源有何不同?

结论：

14）根据发电机相关知识，回答下列问题，并完成相关信号的测量。

对照下图找到相应元件，并简要说明其作用。

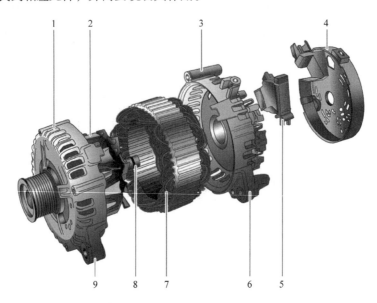

序号	元件	作用
1	前部轴承盖	固定转子（铝合金铸造，防止漏磁并便于散热）
2		
3	固定装置	前后端盖连接
4	盖罩	防尘
5		
6		
7		
8		
9	固定装置	前后端盖连接

记录发电机铭牌上的参数：

三相交流发电机（电磁学 – 电磁感应）工作原理：

车内用电器、蓄电池、点火线圈等都需要直流电，如何将交流电压转换为直流电压？

思考：发电机常见故障有哪些？

发电机的检测：

① 转子的检查

a. 磁场绕组电阻值（两集电环之间）的检查：_____Ω，是否接触不良：_____。

b. 磁场绕组与转子轴之间的绝缘检查：_____Ω；是否绝缘：_____。

② 定子的检查

a. 定子绕组电阻值的检查：_____Ω；是否短路：_____；是否接触不良：_____。

b. 定子绕组与定子铁心之间的绝缘检查：_____Ω；是否绝缘：_____。

③ 电刷检查：外观情况_____；运转情况_____；电刷长度_____。

④ 整流器的检查：_____。

15）将万用表调到"二极管"档并测量晶体管 T_1。

万用表红表笔连接基极，且万用表黑表笔连接集电极，万用表显示_____；

万用表黑表笔连接基极，且万用表红表笔连接集电极，万用表显示_____；

万用表红表笔连接基极，且万用表黑表笔连接发射极，万用表显示_____；

万用表黑表笔连接基极，且万用表红表笔连接发射极，万用表显示_____。

晶体管 T_1 是_____类型。

使用万用表测量集电极与发射极有何结果？

将万用表调到"二极管"档并测量晶体管 T_2。

万用表红表笔连接基极，且万用表黑表笔连接集电极，万用表显示_____；

万用表黑表笔连接基极，且万用表红表笔连接集电极，万用表显示_____；

万用表红表笔连接基极，且万用表黑表笔连接发射极，万用表显示_____；

万用表黑表笔连接基极，且万用表红表笔连接发射极，万用表显示_____。

晶体管 T_2 是_____类型。

使用万用表测量集电极与发射极有何结果？

16）使用 NPN 晶体管搭建电路控制灯泡工作，并画出电路简图。

按照画出的电路图搭建电路，观察元件工作状态是否正常。如果不正常，为什么？

17）参考步骤 16），使用 PNP 晶体管替代 NPN 晶体管构建同样的电路，并画出电路图，搭建电路。

结论：

NPN 晶体管基极至发射极电压的极性是什么？

PNP 晶体管电压 U_{BE} 的极性必须是什么？

18）总结电阻、电容、线圈、二极管和晶体管的特性及在车辆上的应用，并记录在下表中。

元件名称	特性	应用
电阻		
电容		
线圈		
二极管		
晶体管		

项目 4

高压电基础知识

项目描述

本项目共 3 个学习任务，分别是：

任务 1：电压等级与安全电压。

任务 2：高压故障电流带来的危害。

任务 3：新能源汽车高压区域识别。

通过 3 个任务的学习，掌握安全电压，熟悉电流带来的危害；能够识别高压警示标记和高压组件的危险区域。

任务 1　电压等级与安全电压

一、任务引入

众所周知，新能源汽车使用了高压电源。下面讲解我国如何进行高电压等级划分及安全电压的概念。

二、任务要求

知识要求：

- 掌握高电压等级的划分。
- 掌握新能源汽车安全作业电压范围。

职业素养要求：

- 严格执行汽车检修规范，养成严谨科学的工作态度。

- 尊重他人劳动，不窃取他人成果。
- 养成总结训练结果的习惯，为下次训练积累经验。
- 养成团结协作精神。
- 严格执行 5S 现场管理。

三、相关知识

1. 高压安全基础知识

新能源汽车的维护过程离不开高压电，高压电气安全事故造成的后果是非常严重的，因此对所有接触新能源汽车的人员普及高压电气安全知识是非常有必要的。

1.1 高电压

每个带电物体周围都有电场（图 4-1-1），绝缘体带静电时就会产生电场。电场产生的原因是带电物体与其周围的物体之间存在电位差，此电位差称为"电压"。

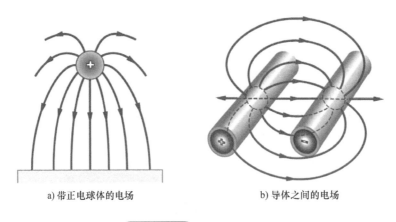

a) 带正电球体的电场　　　　　　　b) 导体之间的电场

图 4-1-1　带电物体的电场

带电压的导体周围也会产生电场。新能源汽车使用的电压范围为几百伏。但是电压产生的电场没有直接危险，带静电物体的电场可能比其大得多，例如，手接近带高电压的导线时不会产生火花。

电压不仅能在物体周围产生电场，还能在电路中产生电流。电压 U 越大，在电阻不变的情况下电流 I 越大。在新能源汽车的高电压车载网络中，所使用的电压比常用的 12V 车载网络高数倍。

设计时，针对高电压考虑了高电压车载网络中的技术元件，以适合所要求的电流强度。但是人体的电阻与所施加的电压无关。因此人体与高电压车载网络的导电部件接触（与 12V 车载网络相比）时，流过人体的电流明显较高。电流对人体的作用请查阅本章任务 2 "电流带来的危险"。

1.2 高电流

有电流流过时，导体周围产生磁场。导体内的电流强度越大，磁场强度越大。如果有电流流过的导体位于磁场中，那么导体内部移动的电荷载体上会产生电感。如果在磁场内移动带电导体，则导体内会产生感应电压。

两个有电流流过的导体的磁场彼此重叠（图 4-1-2）。在高电压车载网络中，到高电压蓄电池的导线（正极和负极导线）平行布置。在这些导线中，电流向相反方向流动。两个导线的磁场彼此重叠，因此导线之间的磁力线密度较高，磁场也较强。

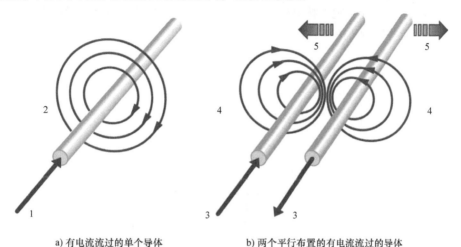

a) 有电流流过的单个导体　　　　　　b) 两个平行布置的有电流流过的导体

　围绕有电流流过导体的磁场

1—电流向一个方向流动　2—电流流过引起的磁场　3—方向相反的两路电流
4—两路电流流过引起的磁场　5—磁场作用在两个导体上的力

根据能量守恒定律，叠加作用必然反作用于电流。因此两束导线上作用力的方向抵消了加强的磁场，即导线彼此推开。磁场作用在导体上的力相对较小。

学习提示

安装高电压导线时仍必须注意以下事项：

- 仔细地将高电压导线放入或卡入为此准备的固定夹内。
- 使用现有的高电压导线拉力卸载装置。
- 用规定拧紧力矩固定高电压导线的螺纹接头。将锁止件牢固地安装在高电压导线的插接件上。
- 必须遵守各高电压导线之间以及高电压导线与信号导线的设计规定距离。

新能源汽车行驶模式下不仅出现直流电，还有（重叠的）交流电。因此导线上的作用力方向也不是恒定的，而是根据电流方向改变方向。固定或连接还必须防止因作用力变化产生的振动，否则会造成高电压导线松动。如果维修时不注意这些，则可能出现振动噪声。此外还可能造成电气插头松动和接触电阻过高。

如果某一导体内电流强度发生变化，那么导体周围的磁场也会随之改变。导体本身产生感应电压，该电压对缠绕的导体（线圈）尤为重要。如果其他导电物体位于该导体的磁场内，则这些导体内同样会产生感应电压，最终导致导体内产生电流。电流变化越大，变化速度越快，则感应电压越高。虽然新能源汽车的高压车载网络内电流强度高，但使用高频开关，因此不会给售后服务人员带来危险。但是，在高电压导线附近安装信号导线时，必须考虑确保电磁兼容（EMV）的边界条件。

1.3 高频率

在高电压车载网络内使用变频器和 DC/DC 转换器。这些功率电子电路以高开关频率工作。因此高电压导线的电压和电流曲线不是恒定的，而是具有最高几百赫兹的频率。由此产生的电磁场导致相邻导线内可能出现干扰电压和干扰电流。在电路图中可以通过导线内或导线之间的电感和电容看出这些影响（图 4-1-3）。

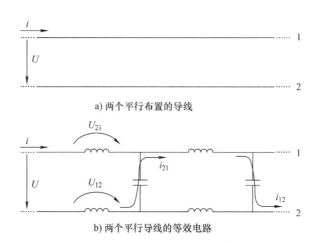

a) 两个平行布置的导线

b) 两个平行导线的等效电路

图 4-1-3 导线的电感和电容

1—导线 1　2—导线 2　i_{12}—导线 2 中通过电容耦合产生的干扰电流，由导线 1 中的电压引起
i_{21}—导线 1 中通过电容耦合产生的干扰电流，由导线 2 中的电压引起
U_{12}—导线 2 中通过电感耦合产生的干扰电压，由导线 1 中的电流引起
U_{21}—导线 1 中通过电感耦合产生的干扰电压，由导线 2 中的电流引起

为确保信号导线上的干扰尽可能小，需采取相应措施，例如使用屏蔽导线、双绞导线或导线之间的距离尽可能大。新能源汽车的特点是可能产生这类干扰电压和干扰电流，尤其是在高电压导线周围。为保证电磁兼容性，高电压导线都带有屏蔽层（图 4-1-4）。

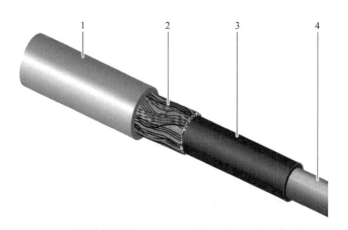

图 4-1-4 带屏蔽层的高电压导线

1—橙色外部保护套　2—作为屏蔽层的钢丝网　3—导体绝缘层　4—导体

不得因未按规定维修或非正规解决方案而影响车内采取的所有电磁兼容性措施，否则肯定会造成车内复杂的电子系统出现功能故障。在新能源汽车中，这不仅会涉及安装高电压导线等高电压组件，还会涉及供电电子装置。因此不允许非正规维修绝缘或壳体部件，否则不仅会危及车辆用户和售后服务人员人身安全，还可能因干扰电压和干扰电流而影响系统功能。

2. 电压等级与安全电压

电压等级（Voltage Class）是电力系统及电力设备的额定电压级别系列。额定电压是电力系统及电力设备规定的正常电压，即与电力系统及电力设备某些运行特性有关的标称电压。电力系统各点的实际运行电压允许在一定程度上偏离其额定电压，在这一允许偏离范围内，各种电力设备及电力系统本身仍然能正常运行。

目前，我国将电压等级划分为以下几种：

✓ 安全电压通常为 36V 以下，我国规定安全电压为 42V、36V、24V、12V 和 6V。

✓ 低压指对地电压在 1000V 及以下。交流系统中的 220V 三相四线制的 380V/220V 中性点接地系统的均属低压。

✓ 高压指 1000V 以上的电力输变电电压，或 380V 以上的配用电电压。

✓ 超高压为 330~750kV。

✓ 特高压为 1000kV 交流，±800kV 直流以上。

进行危险电压组件方面的工作时必须遵守安全规定。国际标准给出了强制性安全规定，危险电压是 25V 以上的交流电和 60V 以上的直流电。车辆制造标准允许的最大接触电压（根据 ECE R100 标准）是 30V 交流电及 60V 直流电。新能源汽车的电压一般在 300~650V 间，虽然按照国家标准进行划分，应该属于低压范围，但是为和传统内燃机车辆 12V 电源进行区别，我们通常称其为高电压。

任务 2 高压故障电流带来的危害

一、任务引入

某维修技师在对新能源汽车进行维护时，不慎被高压电击中，事故原因是没有做绝缘防护和断电保护。由于新能源汽车使用了高压蓄电池，因此维修技师在对新能源汽车进行维护时特别要注意高压电的危害，通过本任务的学习，学员能够知道多高的电压会造成危害，并知道危害的后果。

二、任务要求

知识要求：

• 熟悉电流危害的常见类型。
• 了解心室颤动的危害性。
• 能够根据电流的大小判断其对人体造成的危害。

职业素养要求：

- 严格执行汽车检修规范，养成严谨科学的工作态度。
- 尊重他人劳动，不窃取他人成果。
- 养成总结训练结果的习惯，为下次训练积累经验。
- 养成团结协作精神。
- 严格执行 5S 现场管理。

三、相关知识

1. 高压系统作业的职业伤害

人体细胞在有限范围内具有导电性，细胞内液体的占比较高是导电的主要原因。如果接触带电部件，则电流可能流过人体。电流以最短路径流过人体时会遇到不同器官，对人体产生热效应、化学效应及刺激作用等，影响人体功能，损伤人体，甚至危及生命（图 4-2-1）。

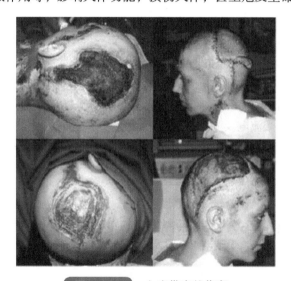

电流带来的伤害

图 4-2-1 电流带来的伤害

习惯于 12V 电力系统作业的汽车技术人员，纵使经验丰富也可能意识不到高压电器系统的特殊危害，这类危害包括但不限于：

① 电击效应：电流低于导通限值时，会有相应的电击反应，容易因肢体不受控制和失去平衡而受伤。

② 热效应：电流导入、导出点处会发生烧伤和焦化，也会发生内部烧伤。结果是导致肾脏负荷过大，甚至造成致命的伤害。

③ 化学效应：血液和细胞液成为电解液并被电解，导致严重的中毒，中毒情况在几天后才能被发现，因此伤害极大。

④ 肌肉刺激效应：所有的身体功能和人体肌肉运动都是由大脑通过神经系统的电刺激来控制的。如果通过人体的电流过高，则肌肉开始抽搐，大脑也无法控制肌肉组织。如果电流经过胸腔，则肺会产生痉挛（呼吸停止），心脏的跳动节奏会被打乱（心室纤维化颤动，无法进行心

脏的收缩、扩张运动）。

⑤ 发生静态短路的热效应：工具急剧发热，会导致材料熔化，从而可能引发烧伤事故。

⑥ 短路引起火花，金属很快熔化，产生飞溅的火花，飞溅出来的金属颗粒温度超过 5000℃，可能引起烧伤。

⑦ 带电高压线路接通和断开时所产生的光辐射可能造成电光性眼炎。

减少这类危险的信息通常可通过以下途径获得：

✓ 该作业车辆的应急处理指南（Emergency Response Guide, ERG）。

✓ 汽车制造商的维修信息 (整车安全防护措施)。

✓ 原生产厂家的维修信息 (特殊部件的安全防护措施)。

2. 电击

高压电流穿过人体时会切断神经系统发出的信号（甚至包括通向心脏的信号），并且会烧伤内脏和组织。人体的抗电阻性存在个体差异，有人偏高、有人偏低，某一个体每天可能都不一样。

电流要流过人体（即发生电击），必须满足两个条件：有一个电压源，电流才通过身体；一个闭合的电路，如图 4-2-2 所示。

人体内电流经过的不同路径的电阻值如图 4-2-3 所示。

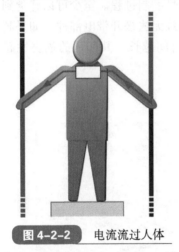
图 4-2-2　电流流过人体

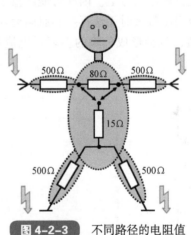
图 4-2-3　不同路径的电阻值

人体电阻的大小取决于衣服、皮肤湿度、体内路径的长度和类型等因素。有电流流过的身体部位处衣服越厚、越干，电阻值越大。如果皮肤上有水或雪，那么身体电阻就会降低。如果身体内电流经过的路径较短，那么电阻比电流流过较长路径时小。表 4-2-1 为人体电阻的近似值，这些数值可能受上述因素影响。

表 4-2-1　人体电阻

测试途径	阻值 /Ω
手 - 手	1000
手 - 脚	750
双手 - 脚	500
手 - 胸	450
双手 - 胸	230
双手 - 脚底	300

想一想

电流强度仅取决于施加在身体上的电压和电阻：$I = U / R$。请算一算360V电压下的电流是多少？

测试途径	阻值/Ω	360V 电压下的电流
手 - 手	1000	
手 - 脚	750	
双手 - 脚	500	
手 - 胸	450	
双手 - 胸	230	
双手 - 脚底	300	

电流还会对人体产生生理作用。肌肉运动和心跳都通过电脉冲控制。感觉器官的信息也以电信号形式通过神经组织传输到大脑。大脑再利用电信号工作。人体内的这些信号具有很低的电压（mV级）和电流强度（μA级）。如果外部电源产生的电流流过人体，那么该信号会叠加在自然电信号上。因此可能严重干扰自然电信号控制过程。至少可以感觉到电击和抽搐。电流强度较大时无法再控制肌肉运动，这可能导致无法松开带电部件。如果超过所谓的松开限值，就会形成危险的循环：电流流过人体的时间越长，其作用的危害性越大（图4-2-4）。

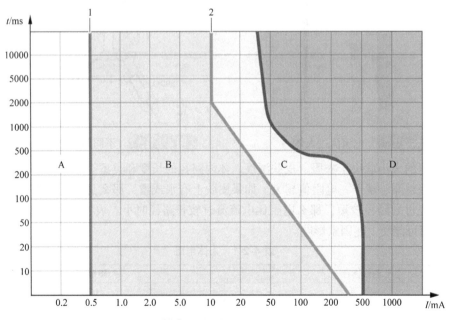

图 4-2-4 电流对人体的危害

1—感觉限值　2—松开限值　A—作用无感觉　B—作用有感觉，直至肌肉收缩（0.5~2mA 有感觉，3~5mA 疼痛，10~20mA 麻木）　C—肌肉收缩，呼吸困难，心率不齐　D—心室颤动，呼吸停止，心脏停止跳动

最危险的是对呼吸系统肌肉组织和心肌的干扰,这可能导致呼吸运动停止。电流强度、电流持续时间和频率(交流电)超过一定值就可能导致心室颤动。心室颤动指心肌小幅高频运动,使血液循环无法维持。高电压系统中的三相电动机由三相交流电压驱动。三相电动机的输出功率和转速由电压大小和频率控制。因为三相电动机处于低频运转状态,所以其引发的电气事故相当危险。如果电气设备规格中注明了交流电压,则该电压指的是行业内通用的有效电压。但是,实际的接触电压会高得多,这取决于交流电压的波形(正弦或者矩形)。交流电压在人体内产生交流电,会使肌肉组织和心脏产生颤动。交流电压的频率越低,危险性越高。交流电会触发心室纤维性颤动,如果不进行急救很快就会致命!

温 馨 提 示

　　呼吸停止和心室颤动时人体的供血和供氧中断,这会带来严重的生命危险。在这种情况下必须立即采取急救措施。

电流的加热作用还可能对人体造成伤害,主要是由电弧引起的表面烧伤。在人体内流过的电流会加热人体组织。体液也会在电流的加热作用下蒸发,这称为内部烧伤。器官会在最短时间内丧失机能,血液循环也会中止,这会带来严重的生命危险。此外,还有一段时间后才表现出来的作用,例如通过电流破坏的人体细胞恢复缓慢,这一过程可能要经过多日。如果大量细胞遭到破坏,肾脏可能负担过重并导致肾衰竭。因此采取急救措施后必须到医院检查,尤其是触电后。

3. 电弧

电弧指电流从两个隔开(通过空气等气体隔开)的导体之间流过。通过气体隔开时通常是绝缘的。两个导体接触且有电流流动时,可能会产生电弧(图 4-2-5)。如果随后两个导体彼此分开,则分开瞬间导体之间产生很小的间隙。在这个小间隙之间会产生很高的电流强度,该电流的强度可能高于间隙内气体的击穿场强。这种情况下会导致击穿,从而使气体分子离子化。同时还会从两个导体的材料中"拉出"离子和电子,从而导致材料消耗。另一个后果是产生移动的电荷载体:带正电的离

图 4-2-5　两个导体之间的电弧

1—导体　2—电弧　3—导体

子和带负电的电子。由于施加了电压,间隙内的电荷载体移向导体,并与导体发生反应。移动的电荷载体意味着电流流动。这种在气体中产生电流的方式称为气体放电。电弧是一种连续的过程,此时持续产生新的电荷载体,电流始终存在。导体之间形成所谓的等离子体。

产生电弧的前提是达到最低电压和最低电流强度(导体分开之前)。这些数值无法明确给出,而是取决于导体的材料。

电弧对人的危害主要表现在以下方面。

• 烧伤:如果人体靠近电弧或直接进入电弧内,则会因高温而导致严重烧伤。因此不要进入电弧内,只能在戴上防护手套的情况下握住导体。

• 紫外线辐射:电荷载体碰撞不仅产生热量,还会发射光线(含紫外线)。紫外线可能伤害

眼睛，准确地说是造成视网膜伤害，这称为"灼伤"。切勿在未使用防护面具的情况下观看电弧。

· 四周飞扬的微粒：电弧产生的高温不断将离子和电子从导体材料中"拉出"。此时，较小的微粒也可能随之"逃出"，然后不受控制地飞向四周。通常情况下，这些微粒非常热。在未穿防护服（包括防护手套和护目镜）的情况下切勿靠近电弧。

在维修车间内面对电弧工作，必须注意以下事项：
· 通过指定的装备（例如高电压安全插头）关闭电源。
· 远离电弧且不要直视电弧。
· 如果必须靠近电弧，则按焊接工作规定使用防护装备（防护服、护目镜、防护手套）。

为避免新能源汽车的组件产生电弧，生产厂商从技术角度采取了许多措施，因此售后服务人员，实际上很少遇到电击危险。

遵守以下规定可以进一步降低新能源汽车出现电弧的概率：
· 高电压系统仍处于运行状态且导线内有电流时，切勿断开高电压导线。
· 断开高电压导线前，关闭高电压系统并确定系统无电压。

任务 3　新能源汽车高压区域识别

一、任务引入

混合动力汽车和纯电动汽车的电驱动系统给汽车维修人员的操作带来一些技术挑战。其中之一是高压电路，部分纯电动汽车甚至有 600V 或以上电压的电路。须知高压电流对维修人员生命安全的威胁通常是无影无踪、悄无声息的。

如果不留意汽车制造商的安全警告，不遵守厂家要求的操作程序，轻则会引起触电、电灼伤或化学灼伤等事故，重则可能导致死亡。

二、任务要求

知识要求：

· 熟悉新能源汽车高压区域各标记的含义。

技能要求：

· 能够识别高压警示标记和高压组件的危险区域。

职业素养要求:

- 严格执行汽车检修规范,养成严谨科学的工作态度。
- 尊重他人劳动,不窃取他人成果。
- 养成总结训练结果的习惯,为下次训练积累经验。
- 养成团结协作精神。
- 严格执行 5S 现场管理。

三、相关知识

1. 镍氢电池

如果按规定使用镍氢电池(NiMH)且电池本身无损坏,则不会产生直接危险。镍氢电池的壳体设计要求是在整个使用寿命期内液体(例如电解液)不会泄漏。发生事故或未按规定使用等情况下造成壳体损坏时,镍氢电池可能引起腐蚀(电解液),危害人身健康(电解液和冷却液),或导致失火/爆炸等。

镍氢电池以氢氧化钾溶液作为电解液。这种碱液具有腐蚀性和刺激性。电解液从镍氢电池中流出时,不得接触电解液。接触或吞食电解液后,必须立即到医院治疗,并让消防队清除流出的电解液。

注意有关处理镍氢电池电解液流出事故的安全数据表。

- 镍氢电池只能在有限的温度范围内发挥全部能力。因此镍氢电池必须连接在冷却循环回路中。冷却液与新能源汽车中使用的普通冷却液相同。冷却液对人身有害,因此不要接触或吞食。
- 为避免发生爆炸,镍氢电池必须远离明火、火花和火源。

镍氢电池充电或放电过程中有化学反应,因此会产生气体(氧气或氢气)。这些气体通过镍氢电池壳体内的阀门排出。按规定运行时,气体浓度较低,没有危险(制造商会说明)。

为提示可能存在的危险,镍氢电池带有危险符号标记(图 4-3-1)。

2. 锂离子电池

新能源汽车使用的锂离子电池在按规定运行且处于无损状态时无危险。其按规定运行时有严格的限制。不允许锂离子电池过载且不得处于温度过高的环境中。过载可能导致金属锂沉积在正电极上,负电极可能分解。这种情况下会产生高温,锂离子电池可能着火。在新能源汽车中,锂离子电池控制单元负责在规定边界条件下的充电和放电过程。控制单元借助传感器监控电解槽温度和电解槽电压。必要时控制单元干预充电和放电过程。这不仅适用于行驶模式,也适用于通过充电器在 12V 系统上为高电压蓄电池充电的情况。

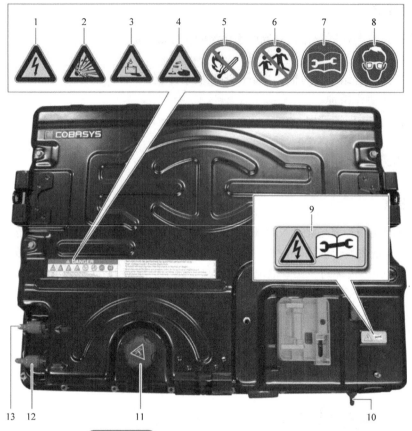

图 4-3-1 镍氢电池结构及危险符号标记

1—危险电压警告　2—易爆物品警告　3—电池危险警告　4—腐蚀性物品警告
5—禁止明火、火焰和吸烟　6—禁止儿童接触　7—注意操作说明和维修说明
8—戴防护眼镜　9—高电压组件的安全标签　10—氢气流出口　11—冷却循环回路补液罐
12—冷却液管路接口（入口）　13—冷却液管路接口（出口）

- 不允许打开锂离子电池。在没有对应控制单元的情况下，不允许让锂离子电池运行或为其充电，否则有失火危险。
- 只能由专业人员扑灭锂离子电池引起的火灾。
- 必须严格遵守制冷剂循环回路（即锂离子电池）维修说明，以避免危害。

　　锂离子电池的运行温度约为50℃，超过该温度时会导致使用寿命缩短。电解槽温度达到100℃或更高时，可能导致电解槽短路。此后的高电流使温度继续提高，因此可能出现连锁反应。这会毁坏整个锂离子电池，也可能导致火灾。锂离子电池失火时很难扑灭。但是其本身没有直接爆炸的危险。锂离子电池失火时产生的高温可能引燃周围物品、液体或气体，因此最终可能导致爆炸。

　　因为运行温度的上限很低，所以新能源汽车中的锂离子电池需进行冷却。例如，可以将其直接连接在空调系统的制冷剂循环回路内。因此，维修锂离子电池时必须遵守维修说明和安全数据表，尤其是松开至制冷剂循环回路的连接时。

新能源汽车所用锂离子电池的壳体采用密闭封装结构，仅通过高电压接口和冷却液管路与外界连接。尽管如此，处置这类高电压蓄电池时仍需遵守特殊的预防措施。必须注意锂离子电池安全标签上的安全数据表、警告标志及禁止标志（图 4-3-2）。

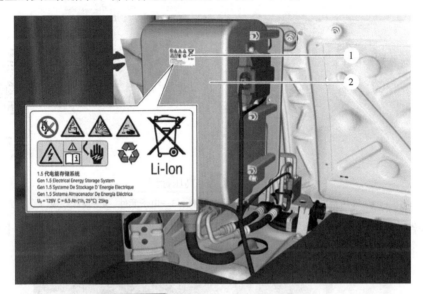

图 4-3-2 锂离子电池结构及危险标记

1—安全标记   2—壳体

3. 电动机

新能源汽车中的电驱动装置功率较高，所用电动机以较强的磁场工作。这种磁场由永久磁铁或电磁铁产生。即使高电压系统或电动机已关闭，磁场也会存在，尤其是永久磁铁产生的磁场。这些磁场可能影响医疗电子设备的功能，尤其是心脏起搏器的功能。为指明这类危害，组件上带有禁止标志，图 4-3-3 为电动机上的禁止标志。

图 4-3-3 电动机上的禁止标志

四、任务实施

1. 任务准备

安全防护：注意车辆或训练台架电压保护。

工具设备：绝缘工具套装（行云新能 INW-T-5817）、绝缘手套、安全帽、防护眼镜、绝缘鞋、绝缘服。

台架车辆：比亚迪 e5 分控联动训练台（行云新能 INW-EV-E5-FL）、比亚迪秦分控联动训练台（行云新能 INW-PHEV-Q-FL）、比亚迪 e5 教学版整车、比亚迪秦教学版整车。

辅助资料：卡片、教材。

2.实施步骤

高压标记用于标识高压环境中可能触电的部位。贴有这些标记的部位包括高压线缆、高压蓄电池、电子元件、变速器及空调压缩机等组件（图4-3-4）。

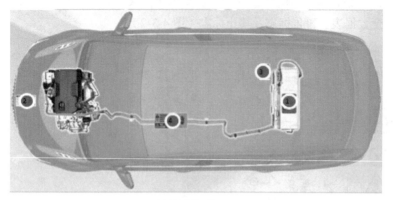

新能源车辆
高压区域识别

图 4-3-4　高压标记

1—高压蓄电池　2—变速器及空调压缩机　3—电子元件　4—高压线缆

红色警告标记：说明高压电一直存在，一般位于汽车的高压蓄电池组总成上（图4-3-5）。

图 4-3-5　红色警告标记

黄色警告标记：标明了高压蓄电池组和低压蓄电池的安装位置。所有高电压组件上都带"闪电"警告提示牌（图 4-3-6）。

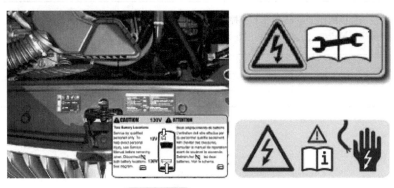

图 4-3-6　黄色警告标记

手动分离标记：位于高压蓄电池组的盖上，有图示说明如何解锁手动分离开关（图 4-3-7）。

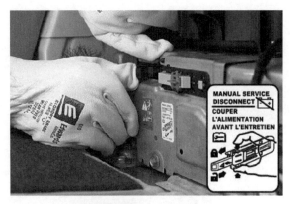

图 4-3-7　手动分离标记

橙色警告标记用于指明可能出现高压电的位置，在执行高压禁用程序前，贴有这些标记的元件可能有高压电。高电压导线使用橙色警告标记（图 4-3-8）。标记为标准化设计，适用于所用制造商。

图 4-3-8　橙色警告标记

五、学习检查

任务	1. 在现场提供的比亚迪 e5 整车和分控联动训练台上识别高压警示标记； 2. 记录高压警告标记上的内容和注意事项
笔记	

项目 5

高压安全与防护

项目描述

本项目共3个学习任务，分别是：

任务1：避免高压伤害的防护措施。

任务2：维修车间安全防护与急救措施。

任务3：新能源汽车高压作业检测设备及工具的使用。

通过3个任务的学习，熟悉高压安全与防护措施；会使用新能源汽车高压作业检测设备工具。

任务1 避免高压伤害的防护措施

一、任务引入

大多数混合动力汽车和纯电动汽车的整车定期维护通常只含有基本操作，例如更换发动机机油和变速器油，更换部分耗材（例如制动摩擦片或制动蹄片），这类操作不需要技术人员切断车辆的高压系统。然而，某些具体部件的定期维护工作则可能需要采取相应的安全防护措施。技术人员务必提前在维修手册上查找好相应的维修要求和信息，以确定有关防护措施是否适合当前的工作要求。某些定期维护安全防护措施也可以从混合动力汽车和纯电动汽车的车主手册中查到。

二、任务要求

知识要求：

- 熟悉高压安全与防护措施。

职业素养要求：

- 严格执行汽车检修规范，养成严谨科学的工作态度。
- 尊重他人劳动，不窃取他人成果。
- 养成总结训练结果的习惯，为下次训练积累经验。
- 养成团结协作精神。
- 严格执行 5S 现场管理。

三、相关知识

新能源汽车的非高压部件（如制动系统、悬架系统和车身系统）进行维修时，不需要专业的安全防护措施。对高压系统中的高压组件进行维修时，就必须采取特殊的防护措施。在劳动保护方面，每位售后服务人员都有责任完成以下工作：

- 必须遵守有关安装和健康防护的说明和规定。
- 必须使用现有防护装备。
- 必须按规定使用装备（工具、车辆）。
- 如果发现装备损坏，则必须自己按专业要求排除。如果不能排除，则必须向上级通报。

1. 健康防护措施

混合动力汽车和纯电动汽车的某些零部件可能有非常强的磁性。如果技术人员身上有植入体内的或便携式医疗电子设备，如心脏起搏器（Pacemaker）或心律转复除颤器（Defibrillator），则必须向该医疗设备的制造商了解可能会有哪些不利影响，确定无危害后再对混合动力汽车和纯电动汽车进行维护。

辐射电磁波（Electromagnetic Waves）也会影响医疗设备的正常工作。如果技术人员携带医疗设备，则在对混合动力汽车或纯电动汽车进行维护作业时需要与某些零部件保持足够的距离。

可能对医疗设备形成干扰的汽车设备包括：

- ✓ 汽车充电桩
- ✓ 车载式汽车充电器
- ✓ 远程发射机
- ✓ 钥匙的信号天线
- ✓ 永磁电动机

为避免对便携式医疗设备形成干扰，技术人员应参考汽车厂家的维修信息，找出所有能发射强电磁波的零部件，并了解与这些需要进行维修处理的零部件之间所需保持的最小距离。

有些混合动力汽车和纯电动汽车厂家建议身上有植入体内的或便携式医疗设备的技术人员不要参与此类车辆的维修工作。

2. 个人防护措施

个人防护用品 PPE（Personal Protection Equipment）即在劳动过程中为防止物理、化学和生物等有害因素伤害人体而穿戴和配备的各种物品的总称。需要使用个人防护用品的区域均会张贴指令标志。指令标志是强制人们做出某种动作或采用防范措施的图形标志。个人安全防护指令标志如图 5-1-1 所示。

穿安全鞋/靴

戴安全帽

戴听力保护装置

系安全带

高压伤害的
防护措施

图 5-1-1   个人安全防护指令标志

个人防护用品可以分为一般劳动保护用品和特种劳动防护用品，如图 5-1-2 所示。

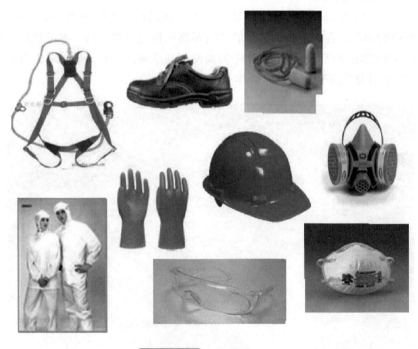

图 5-1-2   个人防护用品

对于特定的诊断或维修作业，技术人员可能需要在暴露的高压零部件附近进行操作。如果有导电物体落到暴露的高压电路上，则可能造成危险的短路事故。

在对混合动力汽车和纯电动汽车进行维修之前，技术人员应取下身上的所有首饰和金属物体，如戒指、手表、项链和工作徽章，并从衬衫和裤子口袋里取出金属物体，例如口袋中的自动铅笔或工具，因为它们可能会滑落出来造成弧闪事故。最重要的是，将衣物上的金属物移除或遮盖可避免意外触电，如图 5-1-3 所示。

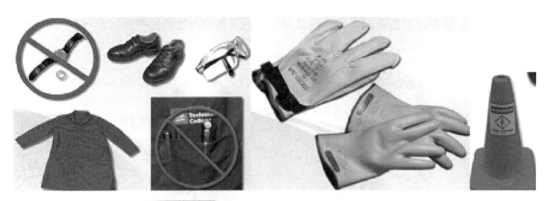

图 5-1-3　高电压作业个人防护用品及措施

开始工作前，技术人员需要阅读汽车厂家提供的所有相关维修信息。维修信息包括但不限于：解码仪数据、诊断程序、拆除和更换程序、电气布线图、技术服务公告和技术诀窍。如果没有提前阅读维修信息，则容易错过准备过程中的重要注意事项。

2.1　避免高压触电的防护

为防止在作业时发生高压触电事故，需要检查并佩戴高压绝缘手套，如图 5-1-4 所示。高压绝缘手套的检验和测试在本项目的"新能源汽车高压作业检测设备工具的使用"中介绍。如果混合动力汽车和纯电动汽车的维修作业中需要使用高压绝缘手套，则技术人员必须对手套进行检查、测试后，才能在车辆上进行维修作业。

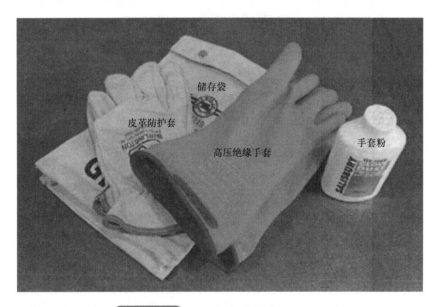

储存袋

皮革防护套

手套粉

高压绝缘手套

图 5-1-4　避免高压触电的防护用具

2.2　眼部的安全防护

最常见的护目用具是带塑料侧护板的护目镜（图 5-1-5），它能防止眼部受到撞击。无论在何种类型的混合动力或纯电动汽车上作业，技术员都必须佩戴相应标准的带侧护板的护目镜。

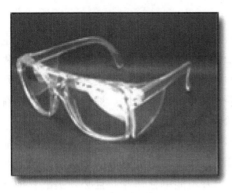

a) 带侧护边型护目镜　　　　　　　　　　　　　　b) 全密闭型的护目镜

 图 5-1-5　　眼部的安全防护用具

　　美国国家标准协会（ANSI）以抗冲击性为标准，对护目镜安全要求进行了规范。截至 2012 年，有两种规范：ANSI 287.1 2010 和 ANSI 287+。相比于 ANSI 287.1 2010，ANSI 287+ 对抗冲击性的要求更严格。通过了 ANSI 287.1 2010 或 ANSI 287+ 规范标准的护目镜会在镜片上印有相应标志。

　　对于其他危害，例如化学品喷溅或溢出造成的化学烧伤，则需要更高级别的眼部防护。常用于化学实验的全密闭型护目镜（图 5-1-5b）可达到这样的要求，但是它在大多数纯电动汽车的保养和维修操作中并不常用。技术人员需参考汽车制造商提供的维修安全信息，以获取更精确的护目用具要求。

2.3　头部的安全防护

　　防止头部触电的常见安全防护用具是电绝缘安全帽（图 5-1-6）。在混合动力或纯电动汽车举升工位下进行作业时，技术人员必须佩戴相应标准的电绝缘安全帽（外观为蓝色）。

2.4　足部的安全防护

　　常见的足部危害因素有物体砸伤或刺伤、高低温伤害、化学性伤害、触电伤害与静电伤害等。无论在何种类型的混合动力或纯电动汽车上作业，技术人员都必须穿相应标准的绝缘鞋，如图 5-1-7 所示。应根据工作环境或设备的电压选择相应等级的绝缘鞋。

图 5-1-6　　电绝缘安全帽　　　　　　　　**图 5-1-7**　　绝缘鞋

2.5　身体的安全防护

　　穿防静电的衣服可以提供额外的安全防护。触电通常都与燃烧联系在一起，因此维修高电压设备时建议穿防静电服。

防静电服由专用防静电洁净面料制作。该面料采用专用涤纶长丝，径向或纬向嵌织导电纤维。它具有高效、永久的防静电、防尘性能，以及薄滑、织纹清晰的特点。在制作成衣过程中采用专用包缝机械，可有效减少微粒的产生。无尘粘扣带避免了因掉毛污染环境。根据级别要求提供不同款式，并采用导电纤维缝制，使服装各部分保持电气连续性。袖管、裤管为特有的双层结构，内层使用导电或防静电罗纹，从而满足高级别无尘环境的要求。

棉布材料适合在维修高电压设备时穿着，如图5-1-8所示。穿合成纤维制成的衣服可能导致皮肤烧伤，因为这类材料在高温时会熔化。地面潮湿，作业场地附近散落有碎片，及照明条件不好时都有潜在的触电危险。在维修高电压设备时千万不能单独作业，且必须提醒其他技术人员注意。一定要切断高压电源，在无人照看时绝不能让高压电源裸露在外。

图 5-1-8　身体的安全防护

3. 工具防护措施

如果混合动力汽车和纯电动汽车的维修作业需要对高压连接部件或元件直接进行测量，则技术人员必须检查并检测有关高压仪表，然后才能在车辆上进行维修作业。

3.1　电解液泄漏防护工具

混合动力汽车和纯电动汽车常使用两种化合物蓄电池：应用于多数传统（非插电式）混合动力汽车的镍氢（NiMH）电池，以及应用于部分传统混合动力汽车和多数插电式混合动力汽车及纯电动汽车的锂离子（Litum-ion）电池。虽然两类蓄电池的电解质都能被双极板吸收且一般不会通过破裂的外壳泄漏。但有疑似情况或观察到泄漏时，潜在的电击或高碱性化学物质灼烧伤害可能不易察觉，因此应采取适当的防护措施。

镍氢电池组中的电解质是一种有腐蚀性的水基碱性电解质，pH值在13.5左右，通常可被稀释的硼酸或醋中和。将800g硼酸溶解在20L自来水中，中和所有溢出的高压蓄电池电解液。使用石蕊试纸（图5-1-9）检查溢出的电解液是否已被中和，如果溢出的电解液仍保持碱性，则试纸

图 5-1-9　石蕊试纸

会变成蓝色。在溢出的电解液被中和后，使用吸水毛巾和布吸收多余的电解液。

锂离子电池组中的电解质通常是酸性的，接触到人眼或皮肤后应用大量的水立即进行冲洗。若在混合动力汽车或纯电动汽车蓄电池组内部、表面或附近观察到有液体泄漏，则应立即要求技术人员用一片石蕊试纸进行测试，确定液体是否是从蓄电池组中漏出的。石蕊试纸接触到液体后，颜色就会发生变化，由此可确认液体为酸性、中性还是碱性。pH 值为 7 时为中性，pH 值为 0 时酸性最强，pH 值为 14 时碱性最强。

若高压蓄电池的电解质溢到地板上，则技术人员应佩戴橡胶手套（并非橡胶高压绝缘手套）、护目镜及用于有机溶剂的面具，然后将溢出的电解质擦拭干净，并根据法律法规的要求将受污染的材料放入密封容器中处理。

有关混合动力汽车或纯电动汽车蓄电池电解质的化学成分，以及处理电解质喷溅所需急救步骤的信息，可在针对特定混合动力汽车或纯电动汽车的应急处理指南（ERG）或先遣急救人员指南（FRG）中找到。大多数应急处理指南和先遣急救人员指南都可在互联网上免费阅读。

3.2　车辆着火防护工具

新能源汽车着火时，应使用常规 ABC 干粉灭火器灭火，如图 5-1-10 所示。这种灭火器用于油或电路火灾。如果只是高压蓄电池着火，则推荐使用二氧化碳灭火器，发生大面积火灾时，持续浇水同样可浇灭高压蓄电池火灾。用水量过少是非常危险的，这会加剧高压蓄电池火灾的火势。

图 5-1-10　ABC 干粉灭火器

4. 避免人体参与形成回路

高压电在两方面对人体产生影响：电压和电流。电压是电通过电路时的压力，电流是流通在电路中的电子。人体与电气设备接触，电流可以流过人体。如果人体成为电路的一部分，那么随着电压、电流的增大及接触时间的增长，人体受到的伤害会越来越大。因此，应避免图 5-1-11 所示的人体参与形成回路的现象。

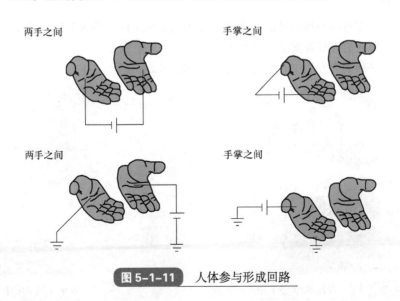

图 5-1-11　人体参与形成回路

任务 2　维修车间安全防护与急救措施

单位主管安排你检查一辆纯电动汽车的动力电池，特意叮嘱你注意高压电。你知道需要做哪些维修车间安全防护吗？怎样防护才不会触电？这是关系到生命安全的大事，你能完成这项工作吗？

二、任务要求

知识要求：

- 掌握维修车间安全防护措施。
- 熟悉常见的简单急救措施。

职业素养要求：

- 严格执行汽车检修规范，养成严谨科学的工作态度。
- 尊重他人劳动，不窃取他人成果。
- 养成总结训练结果的习惯，为下次训练积累经验。
- 养成团结协作精神。
- 严格执行 5S 现场管理。

三、相关知识

1. 维修车间防护

在对新能源汽车进行高压作业时，需要有专用的维修工位（图 5-2-1），并保持清洁、干燥、通风良好。维修作业前应设置安全隔离警示，避免无关人员靠近。

维修工位上必须配有专用工具和防护用品，如图 5-2-2 所示。

图 5-2-1　专用的维修工位

图 5-2-2　专用工具和防护用品

如果需要打开动力电池组更换电池包，则需要设置安全隔离警示，避免无关人员靠近（图5-2-3）。

维修车间
安全与防护

图 5-2-3　动力电池组更换区

温馨提示

- 维修前必须进行高电压禁用操作，维修完毕后，上电前确认车辆无人操作。
- 维修时禁止对车辆进行充电。
- 更换高电压部件后，测量搭铁是否良好。
- 电缆接口必须按照标准力矩拧紧。

2. 急救措施

新能源汽车高电压系统的技术安全措施可有效防止发生人身伤害事故。一旦发生带电流的事故，重要的是知道如何正确救助遭遇事故的人。

下面介绍一些急救基本原则和发生电气事故时的特殊措施。

发生电气事故时，第一步的判断非常重要（图5-2-4），因为后续步骤在很大程度上取决于判断。

以下现象表明可能发生了电气事故：

- 遇事故人仍与发生事故的电路接触，无法移动，因为电流流过身体时造成肌肉抽搐。
- 一个（或多个）人躺在地上失去知觉：通过身体的电流较高时心脏会停止跳动，血液循环中断，结果是失去知觉。
- 遇事故人身体上带有点状烧伤。始终有一路电流流过身体的固定部位。
- 遇事故人可能处于休克状态，也可能表现为过度兴奋或无精打采。

图 5-2-4   判断电气事故

第二步应思考操作顺序（图 5-2-5）。发生电气事故时，自我保护是第一位的。如果救助人自身处于危险中或受伤，则无法为遇事故人提供救助。

图 5-2-5   思考操作顺序

只有清楚操作顺序，才能迅速开展急救行动（图 5-2-6）。如果有其他人在现场，也应分派具体任务。通过协作方式提供救助可能比个人单独行动更有效且更迅速。

所有急救行动的总目标是，在不危害健康的情况下尽可能保证遇事故人活下来。必须执行所有步骤（按正确顺序），只有这样才能形成完整的救助链（图 5-2-7）。

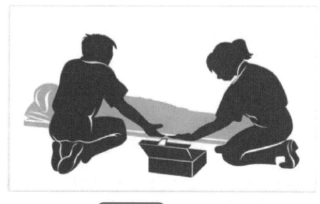

图 5-2-6   急救行动

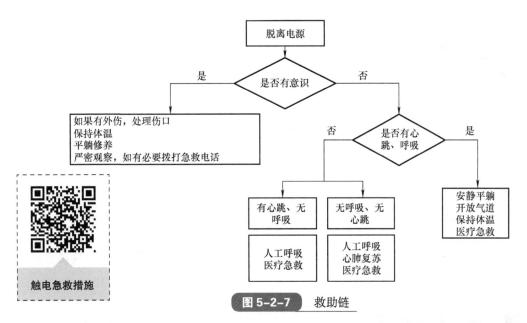

图 5-2-7　救助链

（1）紧急措施

紧急措施可以理解为为挽救遇事故人而必须首先进行的行动。尽管如此，救助人首先还是要估计事故情况，并判断是否属于带电事故。

- 发生带电事故时，第一个紧急措施是断开事故电路。
- 救助时，自我保护具有最高优先等级。救助人不应为断开事故电路而直接抓住遇事故人，必须借助专门预留的装置关闭电源。

电流流过人体时可能造成重伤。电流强度越大，持续时间越长，受伤越严重。因此，救助遇事故人的首要措施是断开事故电路。一般救助人的自然反应是抓住遇事故人，并将其与带电部件分开。但是救助人会因此置身于危险中。因此，救助人应正确估计当前情况，并首先进行自我保护。

可采用以下方式关闭新能源汽车上的事故电路电源：

- 拉起高电压安全插头。
- 断开 12V 供电（例如断开 12V 蓄电池接线）。
- 拔下熔断器（如果存在）

如果救助人不能在无危险的情况下断开事故电源，则必须采用其他方式。为此，救助人需使用绝缘用品，最好是绝缘防护手套。只有这样，才允许救助人尝试将遇事故人与带电部件分开。在特殊情况下，也可以用附近的塑料部件或干木材将遇事故人与带电部件分开。

（2）拨打急救电话

发生电气事故时，必须请专业医生实施救助。应及时拨打急救电话，尤其是遇事故人失去知觉或受重伤时。

- 每位售后服务人员都必须熟记急救电话号码。

我国的医疗急救电话号码是120。拨打急救电话号码是免费的。

拨打急救电话时必须向急救服务机构的接线员说明以下信息：

- 事故发生在何处。
- 发生了什么。
- 多少人受伤。
- 事故或受伤类型。

（3）现场急救措施

如果遇事故人失去知觉或不再呼吸，则在等待急救医护人员赶来时，需要采取现场急救措施。护理受伤的人也属于急救措施范畴。

- 需将失去知觉，但还能呼吸的遇事故人置于侧卧状态。

遇事故人失去知觉且不再呼吸时，必须立即进行心肺复苏操作。

心肺复苏操作包括人工呼吸和交替按压胸腔（图5-2-8），必须持续执行，直至遇事故人恢复呼吸能力或急救人员到达。

人工呼吸：建立高级气道后，每6~8s进行一次通气，不必在两次按压间同步进行（即呼吸频率8~10次/min）。交替按压胸腔：成人按压频率为至少100次/min，按压深度至少为125px（25px约为1cm，深度为4~5cm），按压时间与放松时间各占50%左右。

发生带电事故时会出现心室颤动，此后心脏不再以大节奏方式跳动，而是以小幅高频方式跳动。这种状态与颤动类似，不再输送血液，会带来严重的生命危险。救助人可从遇事故人的外表感觉到其呼吸和心跳停止。心室颤动可通过除颤器缓解，可提高遇事故人苏醒的概率，除颤器如图5-2-9所示。

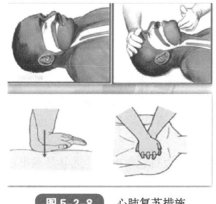

图 5-2-8　心肺复苏措施

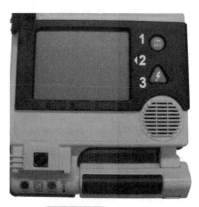

图 5-2-9　除颤器

- 如果有自动除颤器，则应在遇事故人失去知觉及不再呼吸时使用。

烧伤时必须用流动的冷水冷却，直至疼痛感减轻，然后用无菌纱布盖住。如果烧伤的同时遇事故人神志不清且血液循环有问题，则优先采取心肺复苏措施。

（4）医疗救援措施

采取急救措施后应立即开展医疗救援。通过继续执行心肺复苏措施、使用除颤器和药品进一步稳定或改善遇事故人的健康状态，注意救助链此时还未结束。

- 发生带电事故后，必须到医院检查。

电流的长期危害可能在几个小时、几天甚至几个星期后才出现。例如电流流过人体时产生蛋白质，这些蛋白质必须通过肾脏排出。如果降解量过大，则会导致肾衰竭。根据事故严重程度，遇事故人必须到门诊检查，留院观察或及时复查，只有这样才能避免出现并发症或造成永久性健康损害。

任务 3　新能源汽车高压作业检测设备及工具的使用

一、任务引入

进行新能源汽车高压作业时需选择合适的防护设备和检测工具。通过本任务的学习，掌握绝缘手套、安全帽、防护眼镜、绝缘鞋、绝缘服、放电棒、电池升降台、绝缘工具套装等的使用方法。

二、任务要求

知识要求：

- 掌握防护设备和检测工具的结构。
- 熟悉防护设备和检测工具的使用注意事项。

技能要求：

- 能够正确使用防护设备和检测工具。

职业素养要求：

- 严格执行汽车检修规范，养成严谨科学的工作态度。

- 尊重他人劳动，不窃取他人成果。
- 养成总结训练结果的习惯，为下次训练积累经验。
- 养成团结协作精神。
- 严格执行 5S 现场管理。

三、相关知识

1. 防护设备的使用

1.1 高压绝缘手套

（1）概念和作用

高压绝缘手套指在高压电气设备上进行带电作业时，起电气绝缘作用的一种手套。该手套区别于一般劳动保护用安全防护手套，具有良好的电气性能，较高的机械性能，并具有良好的使用性能。

高压绝缘手套具有避免使用者在接触带电电路时受到伤害的作用。高压绝缘手套的防护等级取决于手套的额定电压，额定电压值通常会标注在手套上。另外，汽车行业中使用的"高压"指的是高于 30V 的交流电压或高于 60V 的直流电压。

（2）技术要求

高压绝缘手套通常由天然或合成橡胶制成，为立体手模分指式。每只手套上必须有明显且持久的标记，内容包括：标记符号；使用电压等级 / 类别；制造单位名称或商标；制造年份、月份；规格型号、尺寸；周期试验日期栏；检验合格印章；经试验单位定期试验的合格证。如图 5-3-1 所示，0 级高压绝缘手套的袖标为红色。额定工作电压达到 1000V 交流电的 0 级手

套，适用于标准的混合动力汽车或纯电动汽车的服务和维修。有些高压绝缘手套会有内外层对比色（例如橙色和蓝色）。这些对比色可以使手套的磨损部分更容易被发现。

高压绝缘手套的尺寸应与使用者的手部大小匹配，若太松，则会使手套发皱并影响使用者手部的灵活性。测量手套尺寸时，技术人员应使用卷尺绕手掌一周（不包括拇指），并测量

图 5-3-1 高压绝缘手套的额定电压标注在彩色袖标上

出大概周长。该周长便是适合该技术人员的手套尺寸。

在闷热潮湿的天气里，适宜尺寸的高压绝缘手套可能会很难戴上或取下。许多高压绝缘手套厂家都会提供一种手套粉，它可擦在手上或放进手套内部，使手套更加容易脱戴。技术人员不可自己使用滑石粉等未经认可的固体润滑剂，因为这类润滑剂可能以石油为主要成分，而石油会使手套材质劣化。

高压绝缘手套按照不同电压等级分三类，见表 5-3-1。

表 5-3-1　高压绝缘手套的电压等级

选用 序号	工作范围	参考 GB/T 17622-2008 国标选用型号	参考 IEC903：1988 标准选用型号	各级别 颜色色系
1	低压及 400V 以下设备	0	0	红色
2	10kV 配网及开关站	2	1	白色
3	35kV 及以下线路及变电站	4	3	橙色

高压绝缘手套绝缘性能要满足表 5-3-2 中的要求。

表 5-3-2　高压绝缘手套的性能要求

序号	标称电压 /kV	验证电压 /kV	最低耐受电压 /kV	泄漏电流 /mA		
				360[①]	410[①]	460[①]
1	0.5	3.0	5	14	16	18
2	3	10	20	14	16	18
3	6	20	30	14	16	18
4	10	30	40	14	16	18

① 该数据为手套长度，单位为 mm。

（3）高压绝缘手套的现场检查

高压绝缘手套不可用于触电防护之外的其他任何类型的防护，并且高压绝缘手套易受割伤、磨损、高温和化学劣变的影响。这些因素将导致手套永久失效。技术人员应在每次使用高压绝缘手套前检查其是否受损。

目视检查：使用高压绝缘手套前，技术人员应对每副手套进行仔细检查，查看手套是否存在裂纹、裂缝或褪色等物理损坏，并将手套内面也彻底翻出，以便清楚观察到手套的全部表面。高压绝缘手套表面必须平滑，内外面应无针孔、疵点、裂纹、砂眼、杂质、修剪损伤和夹紧痕迹等各种明显缺陷，以及明显的波纹及铸模痕迹。此外，不允许有染料污染痕迹。

充气检查：完成一次彻底的外观检查后，技术人员应对绝缘手套进行充气检查，将每副手套从手套袖口处开始快速卷起，使其手指和手掌部分充气鼓起，如图 5-3-2 所示。

图 5-3-2　高压绝缘手套的充气检查

为完成充气检查，技术人员应注意以下问题：

- 捏紧手套的袖口处以封住空气。
- 将手套的袖口紧密地向手套指尖方向卷起，仍然捏紧卷起的部分。
- 确保手套的手掌区域和指尖区域因空气挤压充入而鼓起。
- 确保手套在鼓起后保持充气压力，不漏气，掰开手套指缝间观察，细听有无漏气声。
- 若手套未膨胀鼓起，则定位漏气点。

若手套无法充气或充气后漏气，则技术人员必须找到漏气部位。每次使用后，技术人员都应对手套进行检查和测试。发现高压绝缘手套在最近一次使用中损坏后，技术人员应立即换用完好的手套。

温 馨 提 示

- 更多有关充气检查的信息可从高压绝缘手套制造商处获得，也可从汽车厂家维修手册和相关培训机构获得。

（4）高压绝缘手套的实验室检测

高压绝缘手套必须由规范的检测机构进行定期质量检测，具体检测方法如图 5-3-3 所示。手套最近一次的规范检测日期应加盖在袖口标签上方。若袖口标签上方未标注检测日期，则手套必须送去进行检测，证明合格并标注最近一次检测日期后方可使用。

根据国家规定，高压绝缘手套投入使用后必须每六个月进行一次质量检验。若手套还未使用，则必须在购买后十二个月内进行检测，并在此后每六个月进行一次检验。手套通过检验后，在袖口上标注最新一次的检验日期。

（5）高压绝缘手套的使用规范

高压绝缘手套是作业时使用的辅助绝缘安全用具，需与基本绝缘安全工具配套使用。在400V 以下带电设备上直接用于不停电作业时，在满足人体安全距离的前提下，不允许超过高压绝缘手套的标称电压等级使用。

若一副高压绝缘手套中的一只可能不安全，则这副手套不能使用。要保证绝对安全，可能不安全则不能使用。

高压绝缘手套的使用温度范围为 –25 ~ 55℃。橡胶的特性是低温脆化，高温软化。

使用高压绝缘手套时应将衣袖口（无绝缘性能，不能保证安全）套入手套袖口内，同时注意防止尖锐物体刺破手套。

高压绝缘手套受潮或发生霉变时应禁止使用。遭雨淋和受潮时应进行干燥处理（用专用干燥箱均匀干燥，避免使用局部高温设备对手套进行干燥）后再使用，但干燥温度不能超过 65℃（橡胶的温度耐受极限）。

高压绝缘手套弄脏时应用肥皂和水（避免化学反应影响绝缘性能）清洗，彻底干燥后涂上滑石粉，避免粘连。

在边缘锋利的高压部件附近作业，或搬举、移动某些高电压部件时，技术人员应戴上高压绝缘手套。很多手套制造商同时也会提供皮革防护套（图 5-3-4），用来套在高压绝缘手套外面以防止其破损。

皮革套的袖口必须比所保护的高压绝缘手套短。这样是为了确保皮革套袖口边缘和使用者皮肤之间存在绝缘层。

（6）高压绝缘手套的保养与报废

高压绝缘手套必须放置在阴凉干燥处，远离日晒。很多高压绝缘手套制造商都会提供可悬挂的帆布储藏袋来存放手套。手套应垂直悬挂在储存袋中，指尖向上，袖口位于储藏袋底部。这样可以防止水在手套中存积。大多数储存袋的底部都会有一个通风口供空气流通。

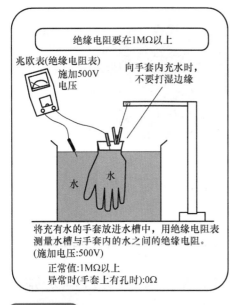

绝缘电阻要在1MΩ以上

兆欧表(绝缘电阻表)
施加500V
电压

向手套内充水时，
不要打湿边缘

水   水

将充有水的手套放进水槽中，用绝缘电阻表
测量水槽与手套内的水之间的绝缘电阻。
(施加电压:500V)

正常值:1MΩ以上
异常时(手套上有孔时):0Ω

图 5-3-3 高压绝缘手套的实验室检测

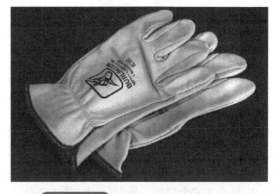

图 5-3-4 高压绝缘手套用皮革套

出动抢修车时，应将高压绝缘手套存放在绝缘工具专用的工具箱内。工作完毕后，须将高压绝缘手套整理清洗并及时存放在绝缘工具箱内，严禁长期将高压绝缘手套放置于抢修车中。

使用单位应建立高压绝缘手套使用和试验台账，对定期检验的数据进行校核。各种检查记录，有关证书和检验 / 试验报告、出厂说明及有关技术资料均应保存完整。

不合格的高压绝缘手套须隔离处理，不得与合格绝缘工具混放。

无论任何原因，高压绝缘手套一旦存在缺损，或未通过上述任何检查，都应马上丢弃。丢弃前，应割断手套的手指部分，以确保手套不会被重新使用。

- 外观检查发现有破损、霉变、针孔、裂纹、砂眼和割伤的高压绝缘手套应报废。
- 定期（预试）检验不合格的高压绝缘手套应报废，当即剪烂。
- 出厂年限满五年的高压绝缘手套应报废。

温馨提示

- 更多信息可从手套制造商的官方网站上找到。多数手套制造商的官方网站上都有详尽的手套使用说明。

1.2 安全帽

（1）概念和术语

安全帽可避免人的头部受坠落物及其他特定因素的伤害，它由帽壳、帽衬、下颌带和附件组成，如图 5-3-5 所示。

（2）安全帽的检查

安全帽的检查项目包括：外观检查、尺寸检查、防静电性能测试、绝缘性能测试、冲击吸收性能测试、耐穿刺性能测试、耐测压性能测试、下颌带强度测试和阻燃性能测试。

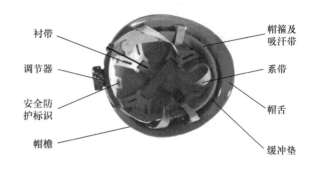

衬带
调节器
安全防护标识
帽檐

帽箍及吸汗带
系带
帽舌
缓冲垫

图 5-3-5 安全帽的结构

安全帽的外观检查包括以下几点：

1）检查"三证"，即生产许可证、产品合格证和安全鉴定证（图5-3-6a）。凡是在我国国内生产、销售的安全帽，按规定均应具备以上证书。

2）检查标识。检查永久性标识和产品说明是否齐全、准确。安全帽属于国家劳动防护产品，应具有"安全防护"盾形标识（图5-3-6b）。

3）检查产品做工。合格的产品做工较细，不会有毛边，且质地均匀（图5-3-6c）。新能源汽车高压作业需要选用蓝色的电绝缘安全帽。

a) 特种劳动防护产品的鉴定证书示例　　b) 特种劳动防护用品"安全防护"标识　　c) 合格产品的做工细致

图 5-3-6 安全帽的外观检查

它在新能源汽车高压作业时起到的主要作用是防静电和绝缘。因此，以下主要针对这两种性能测试进行讲解。

1）防静电性能测试：试验前将安全帽放置在（20±2）℃、相对湿度50%±5%的环境中24h以上。在安全帽较平坦部位用导电胶平行贴两条长（100±1）mm、宽（1±0.1）mm的金属箔电极，间距（10±0.5）mm，导电胶电阻应小于1kΩ，用绝缘电阻表联接电极进行测量，交换电极再测量一次，两次测得的平均值即安全帽表面电阻率，如图5-3-7所示。

2）绝缘性能测试：安全帽应在温度为（20±2）℃、浓度为3g/L的氯化钠溶液里完全浸泡24h。常见测试方法有以下三种。

图 5-3-7 防静电性能测试

① 将安全帽固定在头模上，用直径4mm的半球形探头接触安全帽外表面，在头模和探头之间施加交流电压，1min内增加到（1200±25）V，保持15s，重复测试，每顶帽子测试10个点，记录泄漏电流大小和可能的击穿现象，如图5-3-8所示。

② 安全帽倒放在合适的容器中，帽壳和容器内注入 3g/L 的氯化钠溶液，帽壳内液面距离帽边缘 10mm，将电极分别放入帽壳内外的溶液中，电压在 1min 内增加至（1200±25）V，保持 15s，记录泄漏电流大小和可能的击穿现象，如图 5-3-9 所示。

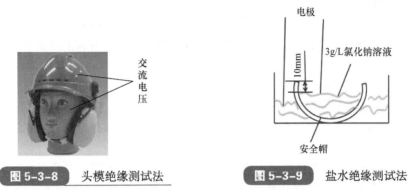

图 5-3-8 头模绝缘测试法   图 5-3-9 盐水绝缘测试法

③ 用两个探头接触安全帽外表面任意两点（间距 ≥ 20mm），探头直径 4mm，半球形，电压 1min 内升至（1200±25）V，保持 15s，重复测试，每顶帽子测试 10 个点，记录泄漏电流大小和可能的击穿现象，如图 5-3-10 所示。

（3）安全帽的佩戴和使用

安全帽的佩戴要符合标准，使用要符合规定。如果佩戴和使用不正确，就起不到充分的防护作用。一般应注意下列事项（图 5-3-11）：

1）戴安全帽前应将帽后调整带按自己头型调整到合适的位置，然后将帽内弹性带系牢。缓冲衬垫的松紧由带子调节，头顶和帽体内顶部的垂直距离一般在 25~50mm，不小于 32mm 为好，这样能保证遭受冲击时，帽体有足够的空间可供缓冲，平时也有利于头和帽体间的通风。

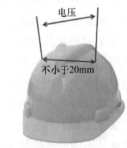

图 5-3-10 直接施压绝缘测试法

2）不要把安全帽歪戴，也不要把帽檐戴在脑后方，否则会削弱安全帽对冲击的防护作用。

图 5-3-11 安全帽的正确佩戴

3）安全帽的下颌带必须扣在颌下并系牢，松紧要适度。这使安全帽不至于被风吹掉，或被其他障碍物碰掉，或由于头的前后摆动而脱落。

4）安全帽顶部除在帽体内安装帽衬外，还开有通风小孔。但使用时不要为透气而随便再开孔，否则会使帽体的强度降低。

5）安全帽在使用过程中会逐渐磨损，因此要定期检查有无龟裂、下凹、裂痕和磨损等情况，发现异常现象要立即更换，不得继续使用。任何受过重击、有裂痕的安全帽，不论有无损坏均应报废。

6）严禁使用只有下颌带与帽壳连接的安全帽（即帽内无缓冲层的安全帽）。

7）技术人员在现场作业中，不得将安全帽脱下，搁置一旁，或当坐垫使用。

8）由于安全帽大部分使用高密度低压聚乙烯塑料制成，具有硬化和变蜕的性质，不宜长时间在阳光下暴晒。

9）新领的安全帽，首先检查是否有劳动部门允许生产的证明及产品合格证，再看是否破损、薄厚不均，缓冲层及调整带和弹性带是否齐全有效。不符合规定要求的立即调换。

10）在室内作业也要戴安全帽，特别是在室内带电作业时，更要认真戴好安全帽，因为安全帽不仅可以防碰撞，还能起到绝缘作用。

11）平时使用安全帽时应保持整洁，不能接触火源，不要任意涂刷油漆，不得当凳子坐，防止丢失。如果丢失或损坏，必须立即补发或更换。无安全帽一律不得进入作业现场。

（4）安全帽的保养与报废

安全帽的日常保养一般采用清水洗的方式，同时要清洁安全帽内衬，洗好后要放在太阳下晒干。每星期至少要把安全帽倒过来放在阳光下暴晒 3h，利用阳光中的紫外线杀死表面细菌。帽壳、帽带和系带等应用 60℃ 左右的温和清洁剂溶液清洗。

外壳要常上蜡。内衬可以拆的就拆下来，放在洗衣网中用洗衣机洗，不能拆的用清洁喷剂消毒、除臭，不能出现如图 5-3-12 所示的情况。

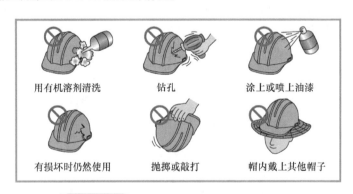

用有机溶剂清洗　　　钻孔　　　涂上或喷上油漆

有损坏时仍然使用　　　抛掷或敲打　　　帽内戴上其他帽子

图 5-3-12 错误的安全帽使用及保养方法

企业物资采购部门应定期回收报废安全帽，同时做破坏性处理，并制定处理办法。出现下列情况的安全帽应报废：

① 受过严重冲击的安全帽。

② 破损或变形的安全帽。

③ 从产品制造完成之日计，寿命达到 2.5 年的安全帽。

1.3   防护眼镜

（1）概念和作用

防护眼镜是一种具有特殊作用的眼镜，使用的场合不同，需要的防护眼镜种类也不同，如图 5-3-13 所示。防护眼镜种类很多，有防尘眼镜、防冲击眼镜、防化学溶液眼镜和防光辐射眼镜等。防护眼镜的作用主要是使眼睛和面部免受紫外线、红外线和微波等电磁波的辐射，以及粉尘、烟尘、金属、砂石碎屑和化学溶液溅射的伤害。

a) 普通型

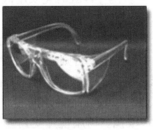
b) 带侧护边型

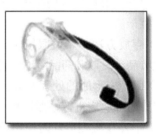
c) 护目镜

图 5-3-13   安全眼镜

防固碎屑：带侧护边型眼镜主要用于防止金属或砂石碎屑等对眼睛的机械损伤。眼镜片和眼镜架结构坚固，抗打击。框架周围装有遮边，其上有通风孔。防护镜片可选用钢化玻璃、胶质粘合玻璃或铜丝网防护镜。

防化学溶液：护目镜主要用于防御有刺激或腐蚀性的溶液对眼睛的化学损伤。可选用普通平光镜片，镜框有遮盖，可防止溶液溅入。通常用于实验室、医院等场所，可用一般医用眼镜代替。

防弧光辐射：从事电焊、气焊、炼钢和吹玻璃作业的工人应戴防弧光辐射眼镜。防弧光辐射眼镜的镜片颜色有深有浅，应根据作业时弧光的强弱选择，弧光强，颜色深。如果弧光强戴浅色防弧光辐射镜，则部分红外线会透过镜片刺激和损伤眼睛，长期下去会患职业性白内障。如果弧光弱却长期戴深色防弧光辐射眼镜，则会使视力大幅下降。

（2）防护眼镜的使用

使用前的检查：

✓ 检查镜片是否容易脱落。

✓ 透镜表面应充分研磨，不得有用肉眼可看出的伤痕、纹理、气泡和异物等。

✓ 戴上透镜时，影像应绝对清晰，不得模糊不清。

使用注意事项：

✓ 选用经检验机构检验合格的产品。

✓ 防护眼镜的宽窄和大小要适合使用者的脸型。

✓ 镜片磨损粗糙、镜架损坏，会影响操作人员的视力，应及时调换。

✓ 要专人使用，防止传染眼病。

✓ 按要求焊接滤光片和保护片。

✓ 防止重摔重压，防止坚硬的物体摩擦镜片和面罩。

（3）防护眼镜的保养

1）放置方法：如果是暂时性放置眼镜，则将眼镜的凸面朝上，因为将凸面朝下摆放会磨花镜片。

2）擦镜片方法：使用清洁专用擦拭镜布，应用手托住镜片一侧的镜框边丝，轻轻擦拭镜片。避免用力过度造成镜框或镜片损伤。

3）镜片沾灰尘或脏东西时的处理方法：干擦容易磨花镜片，建议先用清水冲洗，再用纸巾吸干水分，最后用专用眼镜布擦干。镜片很脏时建议用低浓度中性清洗剂清洗，然后用清水冲洗后擦干。

4）存放方法：不戴眼镜时，用眼镜布包好并放入眼镜盒。保存时避免与防虫剂、洁厕用品、化妆品、发胶和药品等腐蚀性物品接触，否则会引起镜片、镜架劣化、变质和变色。

5）眼镜变形时的处理方法：镜架变形时会给鼻子或耳朵造成额外负担，镜片也容易松脱。建议定期到专业店进行整形调整。

6）不要在激烈运动时使用防护眼镜。树脂镜片受到强烈冲击有破碎的可能，易造成眼睛和面部损伤。

7）不要使用已出现划痕、污点和裂纹等情况的镜片，否则会因光线散色导致看不清楚东西，并导致视力下降。

8）不要戴防护眼镜直视太阳或强光源，否则会伤到眼睛。

9）在完全习惯戴眼镜看东西后再进行操作。因镜片的棱镜关系，戴刚购买的眼镜时距离感会减弱，未完全习惯之前不要开展作业。

10）不要在高温下（60℃以上）长期放置。高温容易导致镜片变形，或表面膜层容易出现裂纹，不要放在驾驶室风窗等阳光直射或高温的地方。

1.4 绝缘安全鞋（靴）

（1）概念和作用

绝缘安全鞋（靴）的作用是使人体与地面绝缘，防止电流通过人体与大地之间构成通路，对人体造成电击伤害，把触电的可能性降低。它还能防止试验电压范围内的跨步电压对人体产生危害，因此进行电气作业时不仅要戴绝缘手套，还要穿绝缘安全鞋。

绝缘安全鞋产品具有透气性能好、防静电、耐磨和防滑等功能，主要用于避免因静电而发生燃爆事故，如图 5-3-14 所示。

（2）性能

在实际工作中，复合功能的安全鞋较为多见，如防砸绝缘、防砸防静电、防砸耐酸碱、防砸耐油和防砸耐高温等。一些企业还可以根据客户的需求，生产出具有特殊性能的安全鞋。另外，不少企业生产的安全鞋的某些性能已高出国家标准。

绝缘安全鞋应具有生产许可证、产品合格证和安全鉴定证，且有"安全防护标识"。

安全鞋鞋底防滑花纹

防砸钢包头　　　　　　　　防刺穿钢中板

图 5-3-14 绝缘安全鞋的组成

（3）绝缘安全鞋使用注意事项

工作人员使用绝缘安全鞋，并配合基本安全用具，可避免跨步电压所引起的电击。

1）绝缘安全鞋适宜在交流 50Hz、1000V 以下，或直流 1500V 以下的电力设备上工作时，作为安全辅助用具使用。

2）绝缘安全鞋不能受潮，受潮后严禁使用。一旦受潮，应放在通风透气的阴凉处自然风干，以免变形受损。鞋底被异物刺穿后，不能作绝缘安全鞋使用。

3）注意绝缘安全鞋的皮面保养，勤擦鞋油。擦拭方式：先用干净软布把鞋表面的灰尘擦去，然后将鞋油挤在布上，并均匀涂在鞋面上，待鞋油略干后再擦拭。

4）绝缘安全鞋不宜在雨天穿，更不宜水洗，否则容易发生断线、脱胶、脱色和泛盐霜等现象。

5）绝缘安全鞋不能与油类、酸性、碱性及尖锐物体等接触，以防腐蚀、变形和受损。

6）彩色绝缘安全鞋（包括白色）在穿着中尤其应注意，不能碰到污水、污物、茶渍和可乐等，否则会留下污渍，使原色受损。

7）绝缘安全鞋穿着后出现轻微褶皱、轻微变形等属正常现象。

8）绝缘安全鞋受潮或遇脚汗后，易出现泛盐霜现象。如出现泛盐霜现象，可用纱布或棉花沾少量温水擦净，再把鞋放在通风处晾干，最后用鞋油擦拭，反复数次即可恢复原状。

9）绝缘安全鞋存放时，应保持整洁、干燥，并擦好鞋油，自然平放。存放一段时间后（特别是雨季），要使其通风干燥，并重新擦拭鞋油以防变霉。

2. 检测工具的使用

2.1 高压电表和测电笔

因驱动系统不同，混合动力和纯电动汽车可能会产生高达 650V 或更高的电压，并非所有电表和测电笔都适用于这类作业。有些仪表和表笔甚至完全没有额定电压规定。技术人员应确保所使用的仪表和表笔适用于即将执行的作业，同时还应确保正确操作。

高压电表的用电安全等级为两部分：仪表可安全使用的额定系统电压和瞬时电压的绝缘防护值（电压峰值）。

电压峰值的额定防护有四个等级：CAT（种类）Ⅰ、CAT Ⅱ、CAT Ⅲ 和 CAT Ⅳ，其中 CAT Ⅳ 能够抵挡最高的电压峰值。市面上的仪表中，公认的高压额定值为 1000V CAT Ⅲ /600V CAT Ⅳ。因为这两个等级所指示的瞬时电压保护都高达 8000V，所以它们通常都会显示在表笔或仪表上。接到高压电表上的测电笔必须与仪表的防护等级相匹配。高压电表和测电笔上的额定系统电压和 CAT 等级都在设备自身上显示，如图 5-3-15 所示。

图 5-3-15 高压电表和测电笔的 CAT 等级

对高压系统进行维修时，需要使用绝缘电阻表来测量高压系统的电阻，具体使用方法请参考项目 2 中的任务 3 "常用绝缘工具的识别和使用"。绝缘电阻表和测电笔的绝缘等级最低应为Ⅲ级、1000V，否则可能损坏绝缘电阻表，导致信息显示不准确，同时还会造成人身伤害。

2.2 新能源汽车专用解码器

发现混合动力汽车或纯电动汽车出现绝缘故障（高压电漏电到底盘接地或低压系统），须立即进行检查和处理，然后才能进行其他高压诊断和修理作业。出现这种故障时，会显示间歇诊断故障码（pending DTC）或当前诊断故障码（current DTC）。

间歇诊断故障码可能不会有警示灯或消息提示，技术人员需要用合适的解码器连接至汽车并扫描汽车模块，才能得知相关代码和数据（图 5-3-16）。如果提示出现绝缘故障，则应及时进行处理，然后才能进行其他高压诊断和维修作业。

2.3 放电棒

（1）放电棒的作用

放电棒又称伸缩型高压放电棒、高压放电棒等。高压放电棒利用新型绝缘材料加工而成，它具有可拉长、可收缩的特点。便携式伸缩型高压放电棒在新能源汽车高压蓄电池断电或其他高压组件更换时使用。特别是在做直流耐压试验后，对试品上积累的电荷进行对地放电，确保人身安全。放电电压范围：5 ~ 70kV。伸缩型高压放电棒便于携带，使用方便、灵活，具有体积小、重量轻、安全的特点（图 5-3-17）。

图 5-3-16　解码器界面

图 5-3-17　高压放电棒

（2）使用方法

将便携式伸缩型高压放电棒的可伸缩部分全部拉出。

如图 5-3-18 所示，先使用高压验电棒分别触碰放电源，如果高压放电棒指示灯不亮，则说明导线无电。

图 5-3-18　高压放电棒验电

如图 5-3-19 所示，把配制好的接地线插头插入放电棒的端部插孔内，将接地线的另一端与地连接，接地要可靠。放电时应先用放电棒的前端金属尖头，慢慢靠近已断开试验电源的试品。此时，放电棒释放电能是经过放电电阻进行对地放电。然后再用放电棒所接接地线上的钩子钩住试品，进行第二次直接对地放电。

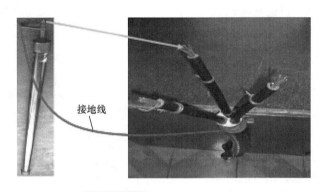

图 5-3-19 高压放电棒放电

（3）使用注意事项

对大电容试品放电时，须在试验完毕后断开试验电源，等待一段时间，使试品通过倍压筒及自身对地自放电。此时，可观察到控制箱上的电压表读数在逐渐下降。当电压表读数下降到 5~15kV 时，可将放电棒逐步移向试品。先通过间隙空气游离放电，此时可听到"嘶嘶"声。当声音消失后，用放电棒尖端碰试品，最后将试品直接接地放电。

大电容试品积累电荷的多少与试品电容的大小、施加电压的高低、时间的长短成正比。

试验结束后，比较长的高压电缆放电时间一般都很长，且需多次放电。电阻阻值要很大，需订购大容量放电棒。

注意：

① 严禁不拉开试验电源用放电棒对试品进行放电；

② 严禁用脚踩及重物挤压放电棒，严禁折弯、折断放电棒；

③ 严禁使放电棒受潮，否则会影响绝缘强度，应放在干燥处。

2.4 安全相关的车间设备

作业时，技术人员可能要移除或替换新能源汽车上沉重的高压组件。为防止受伤，应使用小型起重机等起重装置来作业（图 5-3-20）。技术人员需要将吊索或索具对准汽车厂家指定的吊点，才能安全吊起高压组件。吊索或索具的规格，以及吊起点可在汽车厂家的维修手册上查看。

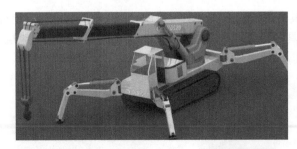

图 5-3-20 起重装置

有的汽车厂家可能会提供专业吊具。在举升重型组件时，应始终依照原厂的使用说明操作。

很多纯电动汽车和某些插电式混合动力汽车的动力电池包通常体积较大且比较沉重向达 270kg，只能从车辆底部进行拆卸。拆卸动力电池包前，技术人员应将车辆举升机下方及附近清空，确保无人、无杂物。

移除这类组件通常需要专用的液压升降台，如图 5-3-21 所示，这种升降台通常可从车辆生产商或生产商的供应商处获得。若不按照生产商的操作规范举升或拆卸动力电池包，则可能对动力电池包造成损坏。在升降台和动力电池包之间应配有专用的防护垫。拆卸和更换期间，通常将动力电池用皮绳固定在升降台上。

图 5-3-21 动力电池包拆装升降台（行云新能 INW-EV-C2）

2.5 绝缘工具套装

有些混合动力汽车或纯电动汽车的生产商推荐使用绝缘工具套装（图 5-3-22），尤其是在接触防护罩已经移除的动力电池包时。绝缘工具应包含绝缘旋具、绝缘钳、绝缘套筒和绝缘扭力扳手。技术人员要随时查阅原厂家的维修手册，以获取详细工具要求。

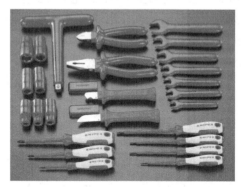

图 5-3-22 绝缘工具套装（行云新能 INW-T-5817）

绝缘工具通常由两个绝缘层构成。工具内部的绝缘层大多为黄色，而外层为橘色。双绝缘层的作用是为使用者提供安全预警：若工具的绝缘部分磨损或破坏，露出内部的黄色绝缘层，则必须废弃并更换新的完好工具。

四、任务实施

1.任务准备

安全防护：注意车辆或台架电压保护。

　　工具设备：放电棒、动力电池包拆装升降台（行云新能 INW-EV-C2）、绝缘工具套装（行云新能 INW-T-5817）、高压绝缘手套、安全帽、防护眼镜、绝缘安全鞋、绝缘服。

　　台架车辆：高压安全保护实训台（行云新能 INW-GY）。

　　辅助资料：卡片、教材。

2. 实施步骤

任务	1. 对现场提供的防护设备、绝缘检测工具进行识别并合理使用； 2. 记录使用注意事项和对应功能； 3. 写下触电后的急救流程和措施
笔记	

项目6

高压安全法规要求

项目描述

本项目共3个学习任务,分别是:

任务1:国家高压法规要求。

任务2:售后维修人员资质要求。

任务3:高压中止(切断回路)标准操作流程。

通过3个任务的学习,熟悉国家高压法规、维修车间防护和维修人员资质等要求;掌握高压中止(切断回路)标准流程操作。

任务1 国家高压法规要求

一、任务引入

新能源汽车的高电压组件采用了自安全设计结构,其控制系统能够可靠识别会给车主和技术人员带来危险的故障,并立即关闭高电压系统,确保工作部件上不再有危险电压。即便只取下高电压部件的一个盖板,高电压系统也会自动关闭。高电压系统采用容错设计结构,因此仅出现一个故障时没有直接危险。高电压系统的自诊断功能确定故障后会将其记录在故障码存储器内,这种情况下可以无危险地继续行驶。通过本任务的学习,熟悉新能源汽车国家高压法规相关要求。

二、任务要求

知识要求:

- 熟悉新能源汽车国家高压法规相关要求。

职业素养要求：

- 严格执行汽车检修规范，养成严谨科学的工作态度。
- 尊重他人劳动，不窃取他人成果。
- 养成总结训练结果的习惯，为下次训练积累经验。
- 养成团结协作精神。
- 严格执行 5S 现场管理。

三、相关知识

1. 高电压互锁回路

高电压组件的带电工作部件带有盖板或壳体，以防直接接触。与高电压导线的导体类似，高电压组体的导体通过绝缘层或绝缘的插头壳体防止接触。售后服务人员进行高电压组件方面的工作前，必须通过执行安全规定关闭高电压系统，使所有带电部件都处于无电压状态，以无危险地作业。如果售后服务人员忘记按规定关闭系统，则有一个附加安全措施自动关闭高电压系统。

高电压互锁回路用于监测高电压组件盖板的位置（图 6-1-1）。如果没有完全按照高压断电与启用流程进行操作且拆除高电压组件盖板，则混合动力模块电子装置会指令接触器断开。接触器断开后，系统会断电以防止意外触电事故的发生。

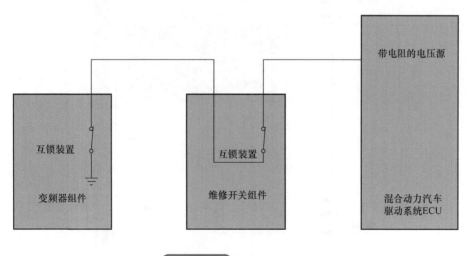

图 6-1-1　高压互锁回路

第一个任务是高压切断双重保护（图 6-1-2）。安全盖板和插头内分别有一个跨接线。对高电压安全插头而言：插上高电压插头后，高电压互锁回路内的跨接线闭合；拔下插头后，跨接线使高电压互锁回路断开。如果装上安全盖板，则高电压互锁回路内的跨接线闭合；如果取下安全盖板并因此隔离跨接线，则高电压互锁回路断开。

第二个任务是分析互锁信号电路（图 6-1-3），断开安全盖板或高电压安全插头，或发现接收到的信号与所发出的高电压互锁信号存在较大偏差（信号电平、对地或对正极短路），则电子装置促使高电压系统关闭。

a) 手动切断高电压安全插头

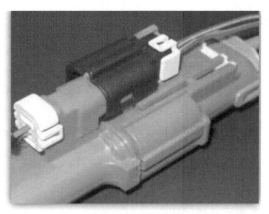

b) 安全盖板跨接线回路

图 6-1-2　高压切断双重保护

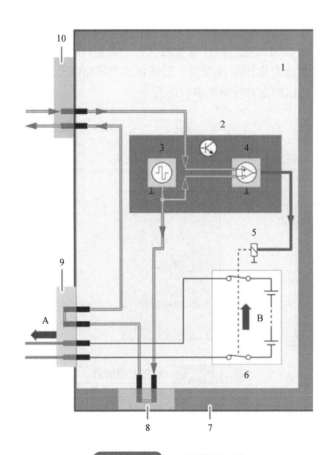

图 6-1-3　互锁信号电路

1—高电压蓄电池控制单元　2—混合动力模块电子装置　3—互锁信号发生器
4—互锁信号分析电路　5—接触器　6—高电压蓄电池组　7—安全盖板　8—跨接线
9—高电压安全插头（含跨接线）　10—高电压安全插头检测导线的低压插头
A—拔下高电压安全插头（含跨接线）　B—接触器触点断开

电子装置可能是高电压组件（例如高电压蓄电池）控制单元的组成部分。互锁信号的发生器和分析电路也可能分布在两个高电压组件上（例如高电压蓄电池和供电电子装置）。借此关闭高电压系统内所有电源，从而保证断开高电压互锁电路后最迟 5min 时，整个高电压系统内不再有危险电压。

2. 高电压自放电电路

即使断电时打开了高电压蓄电池的接触器，供电电子装置内的电容器也可能使高电压车载网络内的电压保持在某一数值，该电压可能危及接触部件的人。因此高电压系统每次断电时都要让高电压电路放电。图 6-1-4 借助高电压组件的简化电路图展现了系统放电的原理。新能源汽车中的实际放电电路可能与该图不同。

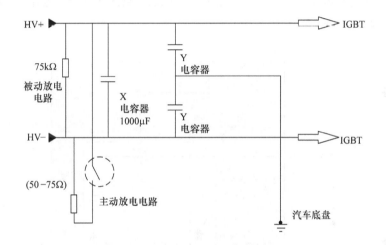

图 6-1-4　高电压自放电电路

通过图 6-1-4 可以看出供电电子装置中使用的电容器与高电压导线并联。如果打开高电压蓄电池的接触器，则此时的电压仍与高电压导线上之前的电压相同。电容器存储电能并使电压保持在该数值。因为事先关闭所有高电压用电器，所以在没有附加措施的情况下电容器无法放电。这里使用电容器放电电路来降低高电压导线上的电压。该电路由所谓的一个被动和一个主动放电电阻组成。

被动放电电阻始终与电容器并联。打开高电压蓄电池内的接触器后，放电电流立即从电容器通过被动放电电阻流走。但是，即使在高电压系统工作时，电流也会通过被动放电电阻流走。为使此时产生的功率损失保持在较低程度，被动放电电阻的设计阻值相对较高，一般为几十千欧姆。所用电容器的电容值为数百到一千微法。因此，被动放电时电压降到零的时间可能为数分钟。该系统的设计方案是，最迟 5min 后电容器通过被动放电电阻放电到非危险电压。

但是，被动放电只是主动放电电阻不运行时的一项附加安全措施。高电压蓄电池的接触器关闭后，关闭高电压系统时供电电子装置控制主动放电电阻上开关的关闭。主动放电电阻的阻值为几十欧姆，因此放电速度明显加快。这种设计可确保最迟 5s 后结束高电压电路主动放电。

新能源汽车中通常有一个主动放电电阻，该电阻位于供电电子装置内。关闭高电压系统时，不仅供电电子装置内的电容器通过该电阻放电，其他高电压组件（例如 DC/DC 转换器和电动空调压缩机）内的电容器也通过该电阻放电。因为高电压导线和其他高电压组件中的电容器并联，所以可以采用这种主动放电形式。

除主动放电电阻外，带电容器的每个高电压组件内还有被动放电电阻。确保主动放电成功结束前，即使主动放电失败或高电压组件之间的高电压导线断路，电容器也能放电。

3. 短路熔断保护电路

高电压车载网络内的两个高电压蓄电池导线之间短路会产生很高的短路电流，后果很严重，可能会产生电弧，造成高电压导线或高电压蓄电池毁坏，直至发生火灾。为避免出现这种后果，新能源汽车的高电压车载网络中采用了用于识别短路的熔断器，电流过载时控制系统会自动切断高压电路（图 6-1-5）。

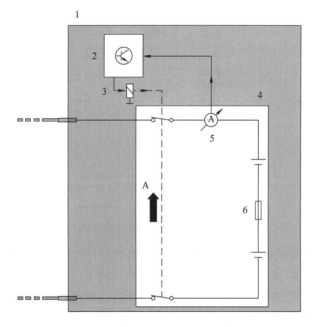

图 6-1-5　短路熔断保护电路

1—高电压蓄电池单元　2—BMS（高电压蓄电池单元的控制单元）　3—接触器　4—高电压蓄电池
5—电流传感器　6—熔断器　A—短路监控响应时打开接触器触点

高电压蓄电池单元的控制单元识别到电流超过允许值时，高电压蓄电池内的接触器触点会打开。这些开关触点的设计方案是，即使在短路造成电流强度很高时也能打开，但是会因此造成使用寿命明显降低。

4. 绝缘监控电路

对于高电压系统中的高压组件，由于内部破损或潮湿，可能会传递给外壳一个电势。如果两个外壳同时具有不同的电势，则两者间会形成具有危险性的电压。如果手触及这两个组件，则可能有触电危险（图 6-1-6）。

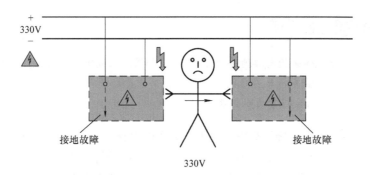

图 6-1-6　发生高电压组件接地故障时的危险

因此所有高电压系统组件都通过一根电压平衡线连到车辆的接地端。即使手触到两个有接地故障的组件，也不会有触电危险（图 6-1-7）。

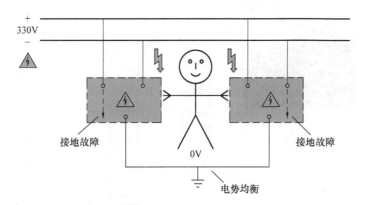

图 6-1-7　各高电压组件的电势平衡

电压平衡线的截面积必须足够大且长度尽量短，以允许可能的最大故障电流通过它放电。电压平衡线和每个高电压组件都有连接。搭铁连接处要与高电压组件紧密贴合，搭铁阻抗值小于 0.2Ω。如高电压组件上有防锈漆等则需刮除后再连接（图 6-1-8）。必须保证电压平衡线清洁且未氧化。

图 6-1-8　电压平衡线接地连接

温馨提示

　　高电压组件的导电壳体必须与接地连接（导电）。如果维修高电压组件或更换车身部件，则组装时需注意：必须按规定恢复与车身之间的导电连接，并严格遵守维修说明。要使用规定的连接元件（例如自攻螺钉）并符合拧紧力矩要求。

　　如果只有一个高电压组件接地故障，由于至电源的电路未闭合，接触壳体时没有电流流过身体。即使身体其他部位与车身（接地）接触，电路也不会闭合（图6-1-9）。只有同时接触高电压车载网络的两个带电导线时，电流才会流过身体。这意味着高电压组件可能产生危险电压，但无法识别。

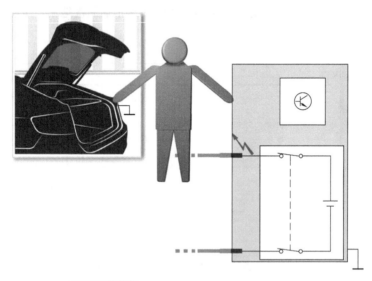

图 6-1-9　高电压车载网络中的故障情况

　　高电压车载网络采用绝缘监控电路，以识别所有高电压组件与可导电壳体或与接地之间危险的绝缘故障。如果壳体/接地与另一个高电压组件之间存在危险电压，则说明有危险的绝缘故障。通过新能源汽车的安全系统，自诊断过程会检测绝缘电阻。如果发生故障，则会通过仪表板向驾驶人发出提示信息，出于安全原因，高电压系统也会同时关闭。

任务2　售后维修人员资质要求

一、任务引入

　　新能源汽车售后服务包含日常维护（如更换制动摩擦片、冷却液，及动力电池组充电等）、高电压部件维护（如检查或更换高电压组件）、故障诊断（读取故障码和数据流，排除高电压故障）。通过本任务的学习，熟悉售后维修人员开展不同作业的资质要求。

二、任务要求

知识要求：

- 熟悉售后维修人员开展不同作业内容的资质要求。

职业素养要求：

- 严格执行汽车检修规范，养成严谨科学的工作态度。
- 尊重他人劳动，不窃取他人成果。
- 养成总结训练结果的习惯，为下次训练积累经验。
- 养成团结协作精神。
- 严格执行 5S 现场管理。

三、相关知识

由 VDA（德国汽车制造商协会）对高电压系统进行定义，适用的目标市场是欧盟：

- 高电压系统指 25V 以上，不超过 1000 V 的交流电压系统。
- 高电压系统的正极和负极都没有连通至车辆接地端或直接接地。
- 高电压系统周围为隔离区域。

由 DIN/VDE 的技术定义（我国执行此标准）：

- 高电压指高于 1000 V 的电压。
- 低电压指低于 1000 V 的电压。
- 12 V 的车载电源电压属于"微电压"。

高电压系统的安全操作措施：

- 带电接触点不能暴露在外，以防触电。
- 高电压区域实施保护措施。
- 高电压连接断开时，自动切断高压电源。

1. 一级资质（接受电气作业指导的人员）

只要新能源汽车的高电压系统运行正常，每位售后技术人员都可进行一般性修理工作（例如更换油液和轮胎）。开始工作前必须由高电压工程师指导维修人员了解高电压系统带来的危害，维修人员必须熟悉高电压组件的标记和安全操纵车辆的方法。

一级资质人员是在接受了充分的作业指导后有足够能力从事一定高电压系统作业的人员，指导内容包括所分配的任务、不当作业时的潜在危险及必要的防护装置和安全措施。如有必要，一级资质人员还可以接受在职培训，并获得相应培训证书（图 6-2-1）。一级资质人员必须书面确认相关指导说明。

一级资质人员示例：

- 售后服务顾问在配备高电压系统的车辆上进行目检，需要识别高电压车辆包含哪些组件，同时要能识别这种车辆。

图 6-2-1　德国大众一级资质证书

- 维修车间技工进行与高电压系统无关的常规保养或维修工作。该技工必须了解高电压系统的危险性，同时要能识别这种车辆。
- 书面指导列在"学员信息"目录下（用户须知的重要信息包含在车辆使用说明书中）。

　　仅进行混合动力汽车或纯电动汽车基础培训（一级资质）的售后服务人员不具备进行高电压组件作业的资质。

- 所有需要在高电压车辆上作业的维修人员至少应具备一级资质。
- 一级资质人员必须了解高电压系统的基本结构、允许工作范围及高电压系统的危险性。
- 高电压工程师必须以口头和书面的形式给一级资质人员提供相关信息。
- 高电压工程师和一级资质人员都必须在书面操作说明上签字。

2.二级资质（高电压工程师）

　　进行高电压组件方面作业的维修人员必须经过相应的培训认证。维修人员经过培训认证后成为新能源汽车高电压系统的电气专业人员（高电压工程师）。这些专业人员能够判断高电压系统带来的电气危害，并能够确定针对高电压系统的保护措施，能够断开车辆上的高压电源，并在工作期间保持断开状态。培训认证范围主要取决于维修人员的前期培训情况和实际经验。一方面必须通过理论和实际培训认证证明该维修人员具备工作能力和专业知识，另一方面还必须经过相关车型的具体认证。在我国，每个厂家对二级资质认证主要包括两方面：

- 具备国家安监局颁发的《特种作业操作证（低压电工证）》，如图 6-2-2 所示。

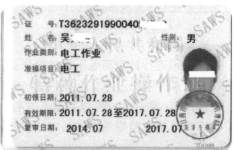

图 6-2-2　低压电工证

- 必须经过厂家新能源车型培训，并通过考核，如图 6-2-3 所示。

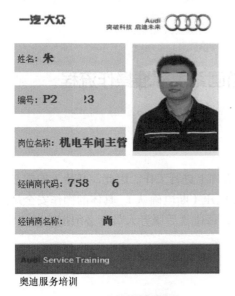

奥迪服务培训　　　　　　　　　　　　　　奥迪服务培训

图 6-2-3　奥迪二级资质认证（高电压工程师）

宝马品牌的二级资质人员认证内容和作业范围见表 6-2-1。

表 6-2-1　宝马二级资质人员认证内容和作业范围

资质等级	二级 -1	二级 -2
认证项目	宝马高电压技师	宝马高电压技师 + 高电压蓄电池认证
认证内容	混合动力基础知识 + 具体车辆高电压组件培训（认证，按混合动力代系）	二级 -1+ 具体车辆高电压蓄电池代系培训（认证）
作业范围	更换电机、HV 电池组、供电电子装置等总成，不能维修检测	二级 -1 的全部作业；可拆解 HV 电池组并更换电池包（不能拆解原电池）及与 HV 电池相关的管理系统

只有满足以下所有条件的售后服务人员才能对带标记高电压组件进行作业——具备资质，遵守安全规定，严格按照维修说明操作。

- 如果必须进行针对高电压组件的作业，则一定要确保整个设备完全断电，只允许经过专门培训的人员（高电压工程师）开展这些工作。
- 上述操作权限仅指在断电状态下的高电压设备上作业。
- 只有满足所有前提条件，相应证书持有者才有权对相应高电压组件或高电压蓄电池进行修理作业。

3. 三级资质

三级资质主要指能够在带电状态下进行高电压系统作业，例如进行接触电阻故障的检测和相关零部件的维修。目前主流新能源汽车品牌在国内只授予到二级资质，即不能带高压电进行作业。

任务3　高压中止（切断回路）标准操作流程

一、任务引入

新能源汽车最高安全规定不允许在带电运行部件上进行工作。因此，开始工作前必须进行断电保护（无电压），工作期间也必须确保系统无电压（断电确认）。具体的操作安全规定均源于最高安全规定。进行高电压组件方面的工作前，每位售后服务人员都必须按这些规定执行，只有遵守这些规定才能保护健康和生命。

二、任务要求

知识要求：

- 掌握高压中止（切断回路）标准操作流程。

技能要求：

- 能够正确进行新能源汽车的高压中止（切断回路）操作。

职业素养要求：

- 严格执行汽车检修规范，养成严谨科学的工作态度。
- 尊重他人劳动，不窃取他人成果。
- 养成总结训练结果的习惯，为下次训练积累经验。

- 养成团结协作精神。
- 严格执行 5S 现场管理。

三、相关知识

高压中止（切断回路）标准操作流程

DIN/VDE 0105 规定的五条高电压系统作业安全规范：

① 断开高压系统（断电）。

② 防止高电压系统再激活（保护）。

③ 确定高压系统断电（确认）。

④ 接地和短路。

⑤ 遮盖或阻隔临近的带电部件。

目前高电压系统不可接地（除使用维修车间充电器给高压蓄电池充电外）。由于目前尚不具备短路技术，因此规范④用途不大。

因为新能源汽车只使用高电压蓄电池，其他高压组件都是由高压蓄电池供电的，所以规范⑤不适用于最新车型。但必须对外露的插口进行遮盖，高电压组件和插头必须有防接触和防尘措施。

综上，在带高电压系统的最新车型中只使用规范①~③。

1. 车辆下电

如果车辆没有出现影响技术人员进行诊断和维修的特殊事故，则技术人员的检查工作通常会从检查汽车的驱动系统开始。为安全起见，首先查看驱动系统电源是否切断（如丰田普锐斯 READY 变为 OFF），确认下电后就可以开始进行维修作业了。如果汽车的仪表板不能显示，则技术人员可能需要采取其他措施来确定驱动系统已处于断电状态。

车辆断电后，技术人员还必须保管好车辆的钥匙或秘钥卡，以防止其他人起动车辆。有些配备远程无钥匙起动（RKS）系统的汽车厂家要求所有钥匙或秘钥卡在进行车辆维修作业过程中，必须与车辆保持 4.6m 远的距离。如果作业车辆配有远程无钥匙起动系统，则应检查该厂家提供的维修信息，查找关于远程无钥匙起动系统的安全注意事项。

在正常情况下，如果没有发生驱动系统故障，则切断混合动力汽车和纯电动汽车的电源会导致蓄电池组高压继电器断开及变频器高压电容放电。技术人员不能想当然地认为车辆下电之后这些情况一定会发生。技术人员必须验证车辆的高压系统是否处于不能启动的禁用状态，此后才能继续进行作业。

2. 断开车辆 12V 辅助蓄电池

对于有些特殊的维修作业，在混合动力汽车或纯电动汽车被切断电源后，技术人员会根据维修信息的指引来断开车上的 12V 蓄电池负极连接线。混合动力汽车和纯电动汽车中的很多 12V 辅助蓄电池（以及很多传统内燃机汽车上配备的 12V 蓄电池）必须根据汽车厂家的维修作业程序进行断开操作。

将 12V 辅助蓄电池重新连接后，技术人员可能还要继续进行其他有关操作。例如有些汽车制造商警告技术人员，在 12V 辅助蓄电池重新连接后，不得马上将其断开，否则会损坏车辆导航系统或其他系统。

3. 电容放电间隔时间

混合动力汽车和纯电动汽车的变频器中都安装了高压电容。高压电容在车辆运行时，一端与动力电池包的高压母线相连，另一端连接到相应的变频器。

如果在汽车断电且高压电池包的高压继电器已断开后，变频器的电容仍然保持充电状态，则动力电池包母线和变频器上可能仍有高压电。为避免这种情况发生，混合动力汽车和纯电动汽车的变频器上设计了对变频器进行放电的电路，一旦汽车断电，该放电电路就会开始工作。

对不同的车辆而言，电容放电所需时间不尽相同，通常车辆的放电间隔时间为 5min 或 10min。具体车型的准确放电间隔时间可以通过汽车厂家的维修信息来了解。技术人员必须在汽车动力驱动系统断电后再等待足够长的时间，才能接触高压连接部件，如汽车的维修开关等。

4. 切断动力电池组（拆卸维修开关）

进行高电压组件方面的工作时，售后服务人员可能接触高电压导线的接口等部件。为了在工作期间不会给售后服务人员的健康带来威胁，高电压组件上不允许带危险电压。最简单的方法是切断动力电池组，即拆卸维修开关。

混合动力汽车和纯电动汽车的维修开关是一种安全装置，专为汽车高压系统需要紧急禁用时设计。只有出现下列情形时才能拆下维修开关：

- 车辆已被下电。
- 变频器电容已充分放电。

原则上可以按图 6-3-1 所示的两种方式拆下维修开关。

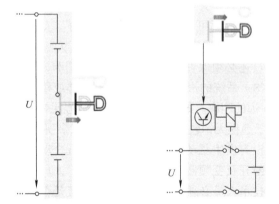

a) 安全插头串联在高压蓄电池组中　　b) 电子系统识别到拉出安全插头

图 6-3-1 拆下维修开关

如图 6-3-1a 所示，拉起一个插头即可断开串联蓄电池组的连接。因此可从外面接触到的高电压蓄电池上不再有电压。可用于断开高电压系统的插头称为"高电压安全插头"或"售后服务时断开高压系统"。维修开关被拆下后会出现断路情况，将汽车高压蓄电池分成两部分，防止汽车电气驱动系统通电。但是动力电池包的两个部分仍单独保持有电状态，即存在危险。

除断开串联动力电池包外，目前还使用另一种工作原理的高电压安全插头，如图 6-3-1b 所示。该高电压安全插头是控制单元的一个控制输入端，只要识别到拉起高电压安全插头，控制单元就会立即中断接触器的供电，随后接触器触点自动打开。其作用与断开串联动力电池包时相同。拉起高电压安全插头后，动力电池包的电极上不再有危险电压。

很多维修开关上还设计了冗余的低压互锁装置。维修开关被部分或全部拆下时，该互锁装置作为一种电路与控制模块断开，或将电路断开。有些维修开关还装有高压电阻，与汽车动力电池包串联。

维修开关呈橙色，位于动力电池包附近。维修开关通常位于以下部位附近：车厢、装货区、行李箱。维修开关通常采用隐蔽式设计，技术人员如要对维修开关进行维护作业，需取下内部零部件或将行李箱的垫子向后翻起来。维修开关的位置包括但不限于：

- 行李箱，内饰面板或衬板的背后。
- 豪华客车的货物存放区，在货舱底板上。
- 豪华客车的货物存放区，在货舱底板下。
- 后排乘客座椅附近，内饰面板或衬板背后。
- 底盘中心区域后部，防护罩下方。
- 发动机舱盖下面（在动力电池包位于发动机舱盖下面的情况下）。

虽然维修开关通常采用不导电的材料制成以保护维修开关电路，但是在拆下开关前仍然无法确定其实际状况。技术人员通常要戴上高压绝缘手套，再戴上皮制保护套，然后才能拆卸维修开关。

5. 防止高电压系统再激活（保护）

汽车维修开关拆下后，技术人员应将其妥善保存于口袋或工具箱中，确保不会被其他人拿去重新安装上。售后服务人员拉起高电压安全插头后，还要固定住高电压系统以防重新接通。一种解决方案是拆下维修塞，并放在自己的口袋中，将维修塞槽用绝缘胶布贴起来。另一种方案是使用标准挂锁，如图 6-3-2 所示。随后锁上高电压安全插头，以防其重新插上。售后服务人员必须小心保存挂锁的钥匙，直至高电压系统方面的工作结束。

必须将钥匙从挂锁上拔下。进行高电压系统方面的工作期间，必须小心保管好钥匙（例如放在自己的裤子口袋内），确保其他人拿不到钥匙。通过这项措施可以确保其他人无法使高电压系统重新运行，直至工作结束。

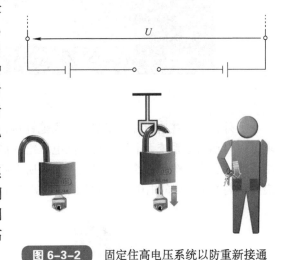

图 6-3-2 固定住高电压系统以防重新接通

6. 确定高压系统断电（确认）

关闭汽车电源后，断开其 12V 辅助蓄电池的连接，为变频器的电容留出足够的时间放电。对于某个具体系统，为保证能够安全地对其进行维修作业，技术人员必须根据汽车厂家的维修信息指示，使用电压表来确定两个检测点之间有无电压，或电压是否安全。如果该系统此前已经做了断电处理，则理论上不存在电压，或即使有电压，其电压值也应该很小。汽车厂家维修信息对理想的电压规定如下：

- 0V
- 12V 或更小
- 小于 30V

在大多数情况下，如果高电压系统已正确断电，则技术人员测量出的电压值应该小于 1V。

为确认某个高电压部件或连接部件已下电，技术人员应戴上高压绝缘手套，在指定的测量点测量电压，如图 6-3-3 所示。如果所用的测量仪表不能自动调节量程，则技术人员应确保选取了该仪表的合适档位。为做进一步安全测量，技术人员可将鳄鱼夹接在仪表表笔的端部，将另一头的每个夹子夹在到高电压电路的测量连接点上，每次只测一个测量点。如果两个测量连接点处都没有电压，则该高电压部件可以安全断开，汽车制造商会对这一步骤做详细说明。技术人员也可能要确认多个部位没有电压。高电压系统的某一点处没有电压并不代表其他部位或其他部件也处于断电状态。

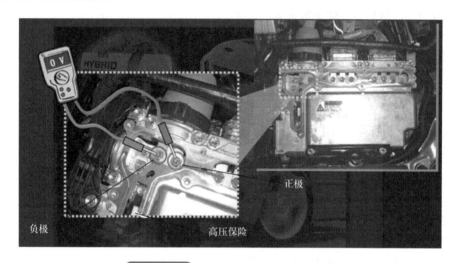

图 6-3-3　在高压测量点处测量电压

另外，在一些新能源汽车中，未规范针对这一步骤所使用的测量技术。高电压系统设计要求可以自动确定系统无电压。几个高电压组件借助测量电压的集成式元件自动测量电压。测量结果通过总线系统传输给组合仪表。如果所有测量结果都表明电压值低于危险限值，则组合仪表显示高电压系统的电压已成功降低，或处于无电压状态（图 6-3-4）。

图 6-3-4　组合仪表确定系统断电

在检查控制符号中，高电压危险符号（闪电）带有斜线。这也直观地表示不再有危险电压。不同新能源汽车车型，显示方式可能与此不同。必须借助相应车型的维修手册或培训材料确定显示内容。进行高电压组件方面的工作前，售后服务人员要注意执行第三条安全规定

（DIN/VDE 0105 规定的 5 条高压系统作业安全规范），借此检查是否按规定断开了高电压系统（断电），并确保高电压系统不会危害在车辆上工作的人员。

四、任务实施

1. 任务准备

安全防护：注意车辆或台架电压保护。

工具设备：数字万用表、高压绝缘手套、安全锁。

台架车辆：比亚迪 e5 分控联动训练台（行云新能 INW-EV-E5-FL）、比亚迪秦分控联动训练台（行云新能 INW-PHEV-Q-FL）、比亚迪 e5 教学版整车、比亚迪秦教学版整车、普锐斯整车。

辅助资料：绝缘胶带、教材。

2. 实施步骤

任务	1. 在现场提供的分控联动训练台和整车上进行高压断电标准流程操作； 2. 记录高压断电标准作业方法和注意事项； 3. 写下对售后维修车间和人员有哪些资质要求； 4. 对分控联动训练台和整车上拆卸下来的高电压电缆及高压保护盖上的互锁回路进行检测； 5. 对从分控联动训练台和整车上拆卸下来的高电压电缆进行绝缘检测（屏蔽层与内部导线之间、屏蔽层与车辆的接地端、内部导线与车辆接地端）； 6. 在分控联动训练台和整车上进行低电压互锁回路检测
笔记	

参考文献

[1] 郑军武，吴书龙 . 新能源汽车技术 [M]. 长春：东北师范大学出版社，2016.

[2] 谭本忠 . 汽车电学基础 [M]. 北京：机械工业出版社，2012.

[3] 敖东光 . 电动汽车结构原理与检修 [M]. 北京：机械工业出版社，2017.

[4] 赵金国，李治国 . 新能源汽车高压安全与防护 [M]. 北京：人民交通出版社，2017.

读者沟通卡

一、申请课件

本书附赠教学课件供任课教师采用，可在机械工业出版社教育服务网（www. cmpedu. com）注册后免费下载；也可扫描二维码关注"爱车邦"微信订阅号获取课件。

爱车邦

免费下载 教学课件、学习视频、海量学习资料
➢ 扫描二维码，关注"**爱车邦**"
➢ 点击"粉丝互动" → "视频课件"

二、机工汽车教师服务群

任课教师可加入"机工汽车教师服务群"，与教材主编、编辑直接沟通交流。"机工汽车教师服务群"提供最新教材信息、教材特色介绍、专业教材推荐、样书申请、出版合作等服务。

QQ 群号码：633529383，本群实行实名制，请以"院校名称+姓名"的方式申请加入。

三、微信购书

扫描二维码进入小程序"**机械工业出版社有赞旗舰店**"，即可购买机械工业出版社汽车图书。

四、意见反馈和编写合作

联 系 人：谢元
电　　话：010-88379349
电子信箱：22625793@qq.com
地　　址：北京市西城区百万庄大街 22 号汽车分社
邮　　编：100037